GRÜND

GRÈCE

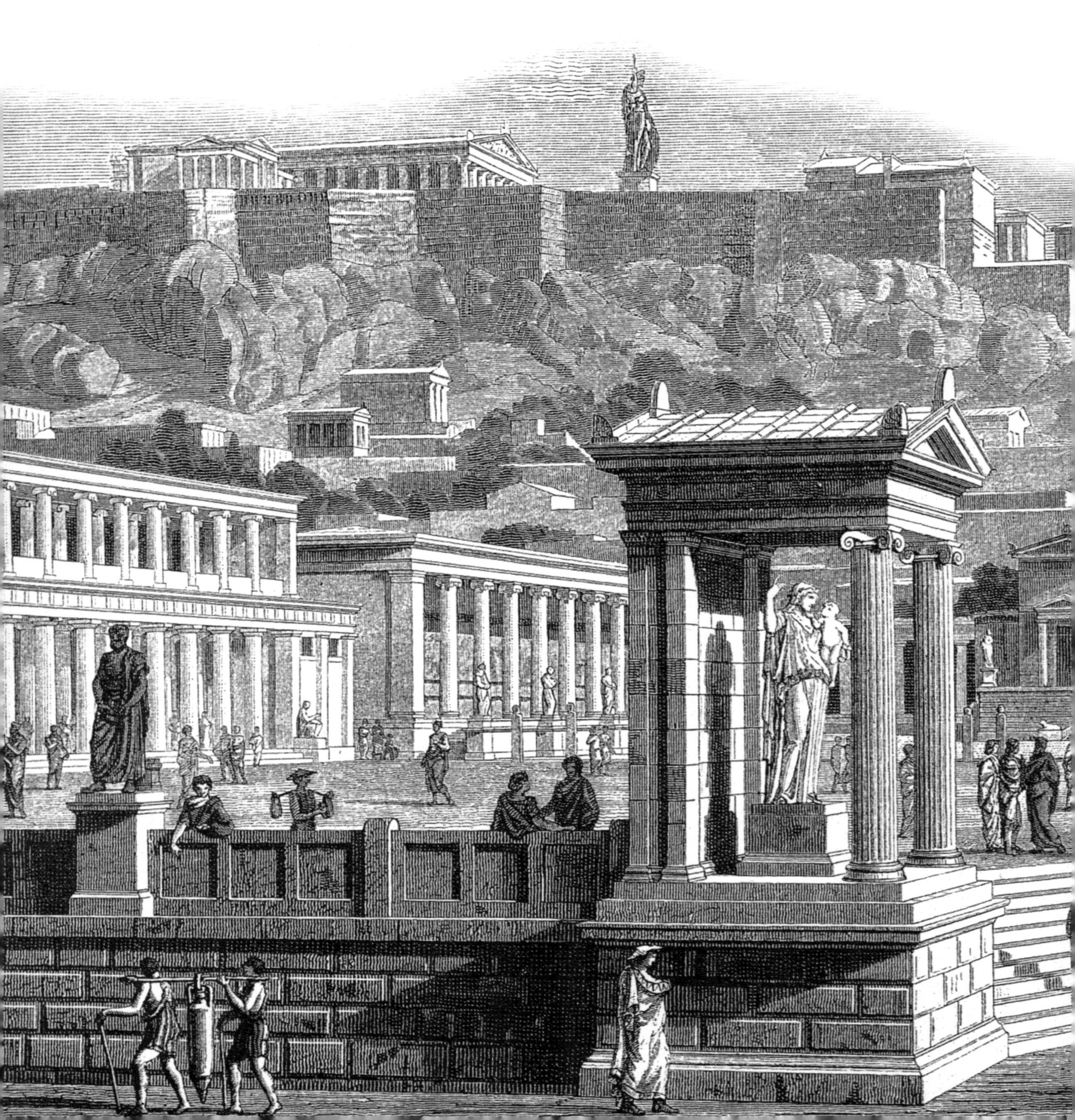

Texte original
Simonetta Lombardo

Réalisation graphique
Anna Galliani

Adaptation française
Michel Beauvais

Secrétariat d'édition
Jérémie Salinger

1 À Santorin, un campanile se détache sur la mer. Cette image rappelle la vieille passion pour le théâtre d'ombres, interprété par la marionnette Karaghiozis, qui incarne «l'esprit grec».

2/7 La place du marché d'Athènes, l'agora, était le lieu des échanges et des discussions politiques, et l'endroit le plus fréquenté de la cité.

3-6 La Grèce est le pays des îles et des ports, que l'on découvre partout. Il s'agit ici d'Andiparos, dans les Cyclades.

SOMMAIRE

Première édition française 1999 par Éditions Gründ, Paris

ISBN : 2-7000-2563-6
Dépôt légal : août 1999

Édition originale 1999 par White Star S.r.l., sous le titre *Grecia*

Photocomposition : A2L, Paris
Imprimé en Italie

*9 EN HAUT À GAUCHE Chez les Grecs, le théâtre avait une dimension profondément religieuse. C'était un rite social où l'on assistait à la punition de ceux qui avaient violé la loi divine et la justice des hommes, qui s'étaient rendus coupables du péché d'*hubris*, c'est-à-dire d'orgueil démesuré –, le plus grave pour le monde antique car il conduit à la déchéance.*

9 EN HAUT À DROITE L'architecture et l'art de l'Hellade ne sont pas dus à l'intuition mais à quelque chose de plus profond : toutes les œuvres antiques reposent sur l'application de normes mathématiques strictes, de rapports précis entre forme réelle et perception optique, parfaitement maîtrisés par des artistes qui étaient aussi des savants.

Une mer exceptionnelle, une richesse archéologique presque inégalée... La Grèce est, en apparence, le pays le plus universellement connu du monde occidental. Parcourue par les touristes depuis deux siècles et référence culturelle incontournable, la péninsule hellénique semble ne plus réserver aucune surprise. En outre, dans l'opinion courante, cette partie extrême des Balkans paraît beaucoup plus homogène, par son histoire, sa géographie et sa population, qu'elle ne l'est en réalité. Melina Mercouri, l'actrice grecque la plus célèbre, qui fut ministre de la Culture, disait que, pour les étrangers, les Grecs modernes étaient restés exactement les mêmes que ceux qui avaient construit le Parthénon, inventé le théâtre et conçu la démocratie. Elle ajoutait : « Il semble que Périclès est mort hier et qu'Eschyle écrit encore des tragédies. Et si certains savent qu'il y a eu ici une lutte contre l'Empire ottoman, concluait-elle avec humour, c'est seulement parce que lord Byron y a participé ». La Grèce contemporaine est le produit d'événements historiques complexes, relativement peu connus au-delà des frontières du pays. Lorsque les habitants évoquent le passé, ils parlent surtout des souvenirs assez récents de la guerre contre le nazisme et le fascisme – qui restent vivants dans la mémoire des plus anciens, comme d'ailleurs dans les autres pays d'Europe –, ou de la dictature des colonels, qui a pris fin en 1974. La situation sociale est assez complexe : beaucoup de villes ont grandi démesurément à la suite des vagues d'immigration des Grecs dits « de l'extérieur », en particulier ceux qui ont quitté l'Asie mineure, les ports de la mer Noire, Smyrne et Istanbul, au moment où le conflit gréco-turc s'est aggravé.
La recomposition de cette mosaïque est difficile, parce qu'elle est venue s'ajouter à une situation depuis longtemps multiraciale, comprenant des ethnies d'origine slave, de souche linguistique latine et de tradition bulgare. Ces différentes petites niches culturelles ne sont en général pas causes de conflits, sauf dans les périodes de crise politique et sociale.
Au-delà des marbres du Parthénon, se trouve un pays qui, depuis longtemps,

8 L'art grec antique est toujours lié au sacré, les monuments profanes appartenant à une conception romaine du monde. Ces lions qui scrutent la mer à Délos semblent les gardiens de l'île dédiée au dieu de la Lumière, Apollon.

8-9 L'Acropole d'Athènes est le monument le plus connu et le symbole de la Grèce antique, dont l'histoire ne se limite sans doute pas à la cité de Périclès. Toutefois, la grandeur du Parthénon est emblématique du monde hellénistique.

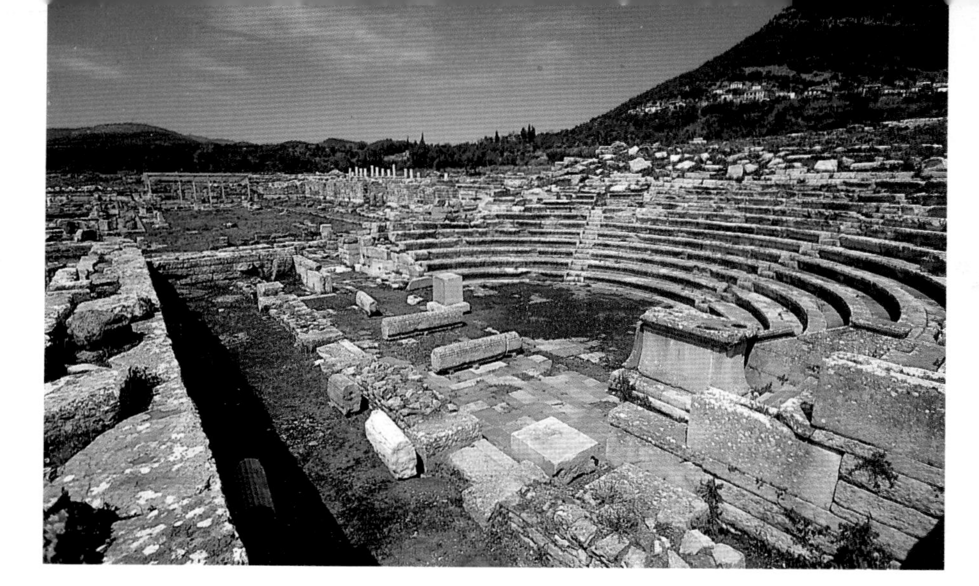

10 EN HAUT
Rocheuse et baignée de soleil, l'île de Póros est séparée de l'Argolide par un étroit goulet. Elle se trouve dans le golfe Saronique et offre un séjour calme et paisible, à une brève distance au sud de la bruyante Athènes.

10 EN BAS
La plage de Myrtos, dans l'île de Céphalonie, a l'aspect d'un mince croissant de lune, sur le bleu de la mer Ionienne. Bien qu'elle ne soit pas facile à atteindre, cette destination est très prisée des touristes.

10-11 La mer prend cette couleur intense et profonde dans l'île d'Andíparos, qui appartient aux Cyclades, l'archipel ensoleillé de la mer Égée. En allant d'île en île par bateau, on perçoit l'âme profonde de la Grèce.

est en réalité une terre « des confins », à mi-chemin entre deux cultures différentes, l'occidentale et l'orientale. Aujourd'hui encore, on ne vit pas sur le même rythme à Athènes et à Zurich, ce qui peut être assez gênant pour les hommes d'affaires pressés. En revanche, pour les touristes, la nonchalance des gens d'ici fait incontestablement partie du pittoresque et ajoute au plaisir du dépaysement. En Grèce, la vie sociale se passe surtout dehors et dans la rue, en été bien sûr, mais également au printemps et en automne. Les cafés et les bars sont toujours bondés de clients qui dégustent le fameux ouzo, l'apéritif national à l'anis, accompagné des *mezes*, c'est-à-dire des amuse-gueules, ou qui attendent que les marcs se déposent lentement au fond de leur café (d'ailleurs, si l'on veut éviter de gaffer, il ne faut pas oublier qu'en Grèce, on parle de café « à la grecque »). Toutefois, il est un aspect sous lequel les Grecs correspondent parfaitement à l'idée que les autres peuples se font d'eux, c'est leur passion pour la politique. Alors que dans les démocraties, la participation – au moins sur le plan électoral – semble en régression, dans tous les lieux et places publics, aussi bien à Athènes que dans le plus petit village perdu dans la montagne, on discute, on débat et on se passionne pour les événements. Les statistiques montrent que les Grecs sont les plus grands dévoreurs de journaux de tout le continent et les titres sont très nombreux, surtout au niveau local. Même lorsque l'on découvre la très grande richesse de ses paysages, on ne soupçonne guère toute la complexité de la Grèce. La présence de la mer, représente évidemment le trait majeur et essentiel de toute la péninsule et de ses archipels. Alors que la superficie totale du pays n'est que de 132 000 kilomètres carrés, on compte plus de 15 000 kilomètres de côtes, et nulle part on ne se trouve à distance supérieure à 100 kilomètres de la mer Égée, à l'est, ou de la mer Ionienne, à l'ouest.

11 EN HAUT
La baie de Paleokastrítsa à Corfou est si étroite que l'on pourrait croire qu'il s'agit d'une lagune. Mais la transparence et la limpidité sont bien celles de la mer Ionienne.

12 EN HAUT À GAUCHE L'Evritania, centre rocheux de la Thessalie, ne forme pas une véritable chaîne montagneuse; il s'agit plutôt d'une succession de plissements irréguliers et accidentés qui dominent la voie conduisant à la vaste plaine.

12 EN HAUT À DROITE Les montagnes couvrent quatre-vingts pour cent du territoire grec; voici une vue de la région des Zagória, au nord de la ville de Ioánina, capitale de l'Épire. La chaîne du Pinde comprend quelques-uns des sommets les plus impressionnants de la péninsule grecque.

12-13 En hiver, même les sommets les plus méridionaux des montagnes grecques se couvrent d'une neige immaculée. Ici, les versants abrupts et sauvages du mont Helmos, dans le Péloponnèse, se dressent au-dessus d'un paysage boisé.

13 EN HAUT Ces contreforts pentus conduisent au sommet du mont Olympe, souvent couvert de neige. La montagne la plus célèbre de la Grèce antique, où séjournaient les dieux, est aujourd'hui le rendez-vous des alpinistes du monde entier.

13 EN BAS La ville fortifiée de Mistra était édifiée à l'entrée de la plaine de Laconie, où se trouvait autrefois Sparte. Au fond, se dressent les monts du Péloponnèse qui servirent souvent de refuge aux habitants de la côte.

Au cours des siècles, la Méditerranée a davantage unifié que divisé les hommes. Selon Platon, les Grecs, avec leurs villes et leurs colonies, sont « comme des grenouilles autour d'une mare ». Et il est vrai qu'une des caractéristiques essentielles de la civilisation grecque fut sa capacité à créer des postes disséminés sur toutes les côtes méditerranéennes, depuis la péninsule Ibérique jusqu'aux rivages d'Asie mineure, en passant par la France et la Sicile. Tout comme les Anglais en Inde, les Grecs sont restés fidèles à leur propre identité culturelle, et ont adapté à leur façon les coutumes des autres. Les peuples qui voyaient arriver chez eux des navires chargés des citoyens d'Athènes, de Mégare ou de Thèbes, n'appréciaient pas nécessairement la visite de ces voisins bien spéciaux, marchands habiles, colonisateurs tenaces et, parfois aussi, pirates redoutables. Bien que ces anciens Grecs se soient définis eux-mêmes comme Hellènes (*Hellên*), le terme « grec » contient la racine latine *grex*, qui évoque le troupeau – le mot concernait, semble-t-il, des voleurs de moutons. La mer est l'élément unificateur de toute la période classique et elle a permis le développement d'une économie marchande qui a connu des périodes de splendeur jusqu'au début du XXe siècle. Cependant, la Grèce est aussi un pays de montagne, pour quatre-vingt-dix pour cent de son territoire, avec trois grands reliefs distincts : la chaîne calcaire du Pinde, à l'ouest ; les monts de l'Olympe, de l'Óssa et du Pélion, séparés et délimités par les plaines de Macédoine et de Thessalie ; et enfin, le massif du Péloponnèse qui représente la partie la plus méridionale des Balkans. Toutes ces montagnes – et c'est l'une des originalités du pays – sont particulièrement majestueuses quand on les voit, souvent enneigées, depuis les côtes ensoleillées.

14 À GAUCHE EN HAUT
Le sport est sans doute moins pratiqué aujourd'hui qu'il ne l'était dans la Grèce antique. Toutefois, le football est largement suivi, dans les stades et à la télévision, et constitue l'un des sujets majeurs de discussion.

14 À GAUCHE EN BAS
Les Grecs, même les jeunes, aiment et pratiquent les danses traditionnelles. Chaque région a les siennes, et elles sont parfois interprétées par des groupes exclusivement féminins ou masculins. Mais presque partout, on danse ainsi en file menée par un « chef de danse », qui tourne au rythme de la musique.

Les précipitations sont partout assez faibles, dans les montagnes comme sur les côtes. La seule culture qui est adaptée à cette sécheresse est bien entendu celle de l'olivier, omniprésent, même si, à la belle saison, les plaines se couvrent de blé et de tournesol, et les reliefs de superbes arbres fruitiers. Toutefois, les potagers et les jardins familiaux sont nombreux, bien soignés et conservent beaucoup d'importance. Les zones montagneuses ont souvent été assez peuplées, notamment durant les périodes byzantines et ottomanes, alors que les côtes, menacées par les incursions de la flotte ottomane, devenaient moins sûres. Toutefois, dans la seconde moitié du XXe siècle, le dépeuplement des régions montagneuses a pris une telle ampleur qu'à l'heure actuelle, en Épire, en Macédoine et en Thrace, il n'est pas rare de tomber sur des villages totalement abandonnés. La population grecque compte presque dix millions d'habitants, de religion orthodoxe à quatre-vingt-dix pour cent, avec aussi des catholiques et des musulmans. Trois millions et demi de personnes habitent dans la métropole d'Athènes et du Pirée, alors que Thessalonique en concentre un million. Le reste de la population est surtout regroupé dans les villes de la côte, grandes ou petites, et vit essentiellement de l'industrie du tourisme – l'une des activités majeures du pays. Mais il faut évoquer aussi les dix millions de Grecs qui vivent loin de leur patrie d'origine, surtout aux États-Unis, en Allemagne et en Australie.
Les troubles graves et les guerres des pays balkaniques septentrionaux, les difficultés en Yougoslavie et en Albanie, ont conduit des populations assez importantes à trouver refuge en Grèce, de même d'ailleurs que de nombreux Kurdes.

14 À DROITE EN HAUT
La mer reste essentielle pour l'économie du pays : les armateurs grecs sont les plus importants de Méditerranée et la flotte de pêche, si elle n'est plus ce qu'elle a été dans le passé, loin de là, demeure encore très active.

14 À DROITE EN BAS
Avec le mariage, le baptême est le rite le plus important de la religion orthodoxe. Il donne lieu à des cérémonies imposantes et à de grandes fêtes, surtout dans les villages, avec banquets et danses.

15 Tout le faste et la solennité des cérémonies orthodoxes sont illustrés par le rite du Niptras, célébré le Jeudi saint, juste avant Pâques, dans l'île de Pátmos.

16-17 Le monde antique et le monde moderne se côtoient avec ces deux villages jumeaux de l'île d'Astipalea, Skala en bas et Chora en haut. Ce dernier doit sa position et ses fortifications à la nécessité de se défendre contre l'invasion ottomane et les pirates grecs ou nord-africains.

17 EN HAUT
Sur le rocher de Lindos, à Rhodes, trois époques coexistent: la citadelle vénitienne fortifiée surplombe le sanctuaire antique d'Athéna Lindia et le petit bourg pittoresque aux maisons blanches.

17 AU CENTRE
Dans le village de Kithira, sur l'île de Cythère, la citadelle vénitienne domine toute la contrée, comme souvent sur les côtes grecques et dans les îles. Ce réseau de forteresses de la Sérénissime était autrefois d'une efficacité légendaire.

17 EN BAS
L'architecture traditionnelle s'est maintenue intacte, surtout dans les îles et dans les contrées isolées de l'intérieur. Cette charmante petite église se trouve dans l'île de Skiathos, dans l'archipel des Sporades.

Outre les activités liées au tourisme, la Grèce revendique la flotte commerciale la plus importante du monde ainsi qu'un réseau dense d'industries diverses, en particulier de cimenteries et de raffineries. Par ailleurs, le pays vit depuis longtemps, pour une large part, du revenu des émigrés, c'est-à-dire des mandats envoyés dans leur famille par ceux qui ont trouvé du travail sous d'autres cieux.

Alors que du temps de Platon une grande partie de la Grèce était recouverte de forêts, celles-ci ont aujourd'hui largement disparu. Cette transformation n'est pas due à l'industrialisation qui a suivi la Deuxième Guerre mondiale, mais tout simplement à l'économie pastorale. Au cours des siècles, l'élevage de la chèvre et du mouton, de plus en plus important, a transformé en pâturages les forêts de jadis.

Même si l'urbanisation de la deuxième moitié du XXe siècle a entraîné un certain déséquilibre hydrologique, les zones montagneuses, parce qu'elles sont très peu peuplées, offrent un refuge à de nombreuses espèces animales. Au moment des migrations hivernales des faucons, on dénombre jusqu'à trente-huit espèces. Et parmi les animaux non-migrateurs, l'aigle et le vautour trouvent un habitat idéal dans les zones les plus élevées, où l'homme est presque absent, d'Épire et de Macédoine. Quant aux grands mammifères, ils se sont réfugiés dans des zones protégées: c'est le cas de la chèvre sauvage de Crète et de l'ours – dans le parc national du Pinde –.

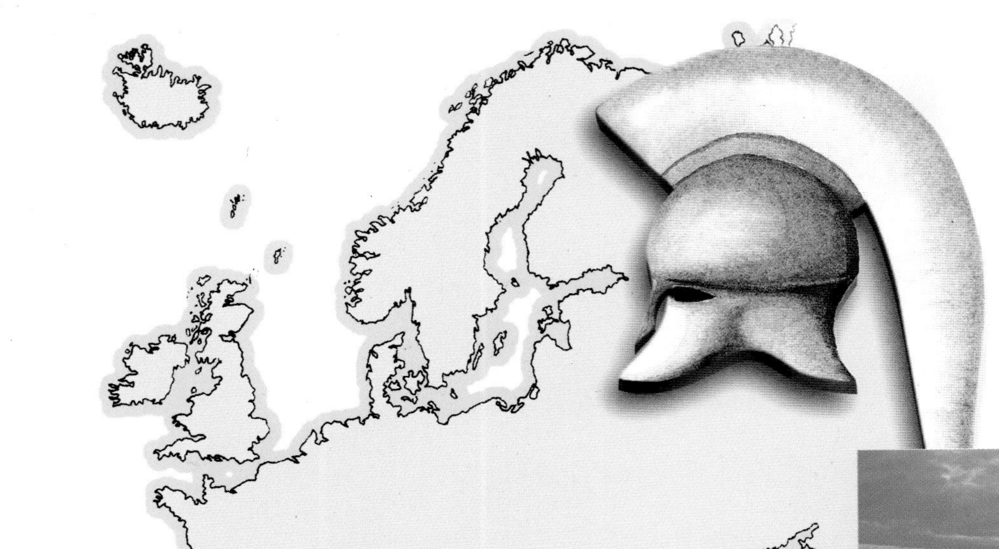

La chaîne du Pinde

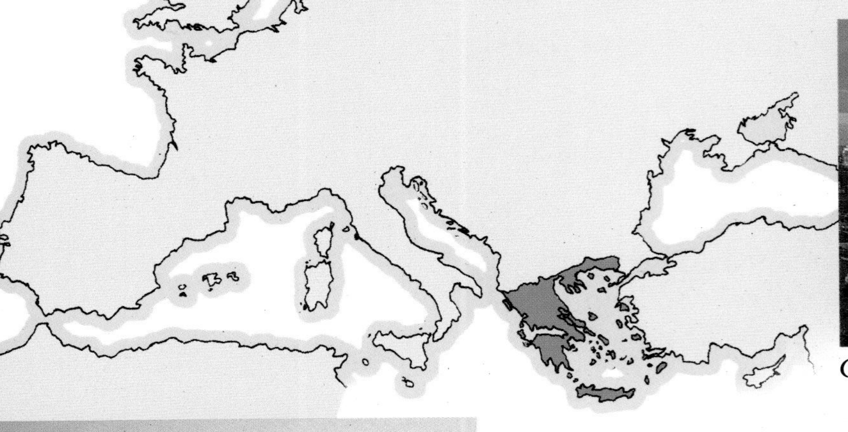

Corfou : la forteresse

20-21 Le bourg de Monemvassía, avec son promontoire rocheux, constitue une véritable place forte naturelle, au sud-est de Sparte. Il gardait la côte de la riche, puissante et convoitée Morée médiévale, c'est-à-dire de l'actuel Péloponnèse.

22-23 Cette vue de Zákinthos, l'une des îles Ioniennes, montre la Méditerranée telle qu'on la rêve, avec une eau d'un bleu de cobalt, une petite plage dans une crique isolée et des montagnes abruptes et dénudées.

L'île de Skíros

Crète : la plage d'Istro

Cap Soúnio : le temple de Poséidon

Athènes: le théâtre de Dionysos

LA GRÈCE AU COURS DES SIÈCLES

Architecture, sculpture, peinture, philosophie, mathématique... Le monde occidental doit une bonne partie de sa culture à un pays exigu et pauvre en richesses naturelles. Toutefois, et contrairement à ce que l'on pense parfois, l'originalité de la pensée grecque n'est pas surgie du néant et ne peut être limitée aux splendeurs de l'Athènes antique. La culture grecque est le produit d'une histoire complexe et est faite de strates nombreuses, de la confrontation de traditions diverses et souvent opposées. À la fin de la préhistoire, entre 2600 et 2000 av. J.-C., les populations néolithiques, agricoles et pastorales, ont été soumises aux invasions de peuples originaires des hauts plateaux d'Asie mineure, en particulier d'Anatolie, qui ont apporté avec eux leur connaissance des métaux et de la céramique ainsi qu'une nouveauté révolutionnaire pour cette partie du monde, la ville.

24 À GAUCHE
Cette urne de marbre aux formes originales nous livre un témoignage émouvant de l'antique civilisation de Pelos (3200-2800 av. J.-C.).

24 À DROITE
Ce fragment d'idole, qui provient de l'île d'Amorgós, pourrait trouver place dans un musée d'art contemporain. Toutefois, on reconnaît le long nez droit, et les lèvres entrouvertes semblent prononcer une parole antique.

Auparavant, si l'on se base sur les quelques cités qui ont laissé des traces, il n'y avait sans doute pas de monarchie organisée. Nous arrivons à l'Helladique Moyen, selon la chronologie de la préhistoire grecque, qui va durer jusqu'à 1580, date à laquelle commence l'Helladique Récent, ou époque mycénienne.

25 À GAUCHE
Les bras croisés de cette déesse originaire des Cyclades marquent une distance hiératique, une dimension sacrée et hors du temps. Les sculpteurs du XXe siècle ont été influencés par la force d'expression de cet art si ancien, mais dont les préoccupations formelles sont les mêmes qu'aujourd'hui.

25 À DROITE
Cette idole stylisée et assise, dont les formes « de violon » ont souvent été célébrées, est sculptée dans le marbre blanc des îles de l'Égée; il s'agit d'une des plus anciennes représentations du corps humain dans la région des Cyclades.

Vers 2000 av. J.-C. sont arrivés les peuples venus du nord : c'est le début de la migration indo-européenne, qui va se prolonger pendant plusieurs siècles sur tout le continent. Ces tribus caucasiennes, qui ont été appelées les Ioniens et qui sont venues butter sur le « cul-de-sac » de la péninsule balkanique, étaient moins avancées que leurs prédécesseurs d'Anatolie qui leur ont transmis l'agriculture et la navigation.

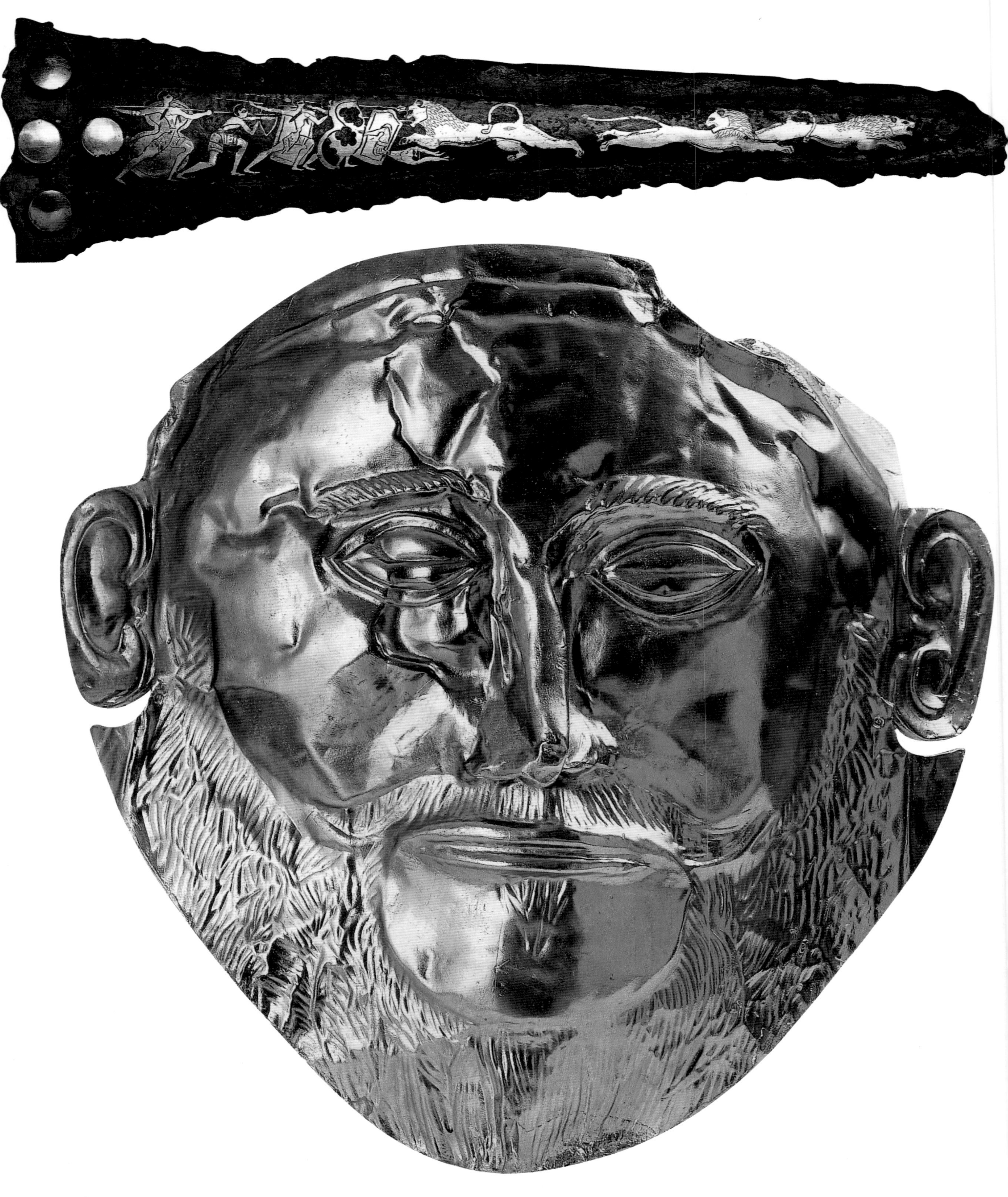

26 EN HAUT
Ce véritable chef-d'œuvre est une épée en bronze incrustée d'or et d'argent. Elle est sans doute d'origine crétoise et elle fut découverte dans une tombe de Mycènes. L'orfèvre, avec une finesse extrême, illustre une chasse au lion, activité héroïque et aristocratique, pratiquée par les souverains mycéniens.

26 EN BAS
Le « masque d'Agamemnon » fait partie de ce que l'on appelle « le trésor des Atrides », découvert par Schliemann dans les sépultures creusées au flanc des collines situées autour de la cité fortifiée de Mycènes.

La seconde vague des invasions indo-européennes a conduit les Achéens dans la péninsule, alors qu'au sud se développait la civilisation de la Crète minoenne, très en avance par sa richesse artistique et matérielle. La fusion des influences achéenne et minoenne va donner cette culture très orientale qui caractérise la période mycénienne. C'est alors qu'ont été édifiés des palais royaux à Mycènes, à Athènes, et aussi des demeures royales dans différentes villes, construites sur le modèle du palais de Knossós, et que s'est formée une structure politique, avec ses classes et ses castes : le roi et les aristocrates étaient entourés de fonctionnaires, de scribes et d'officiers, et au-delà, d'artisans et de paysans. La classe des esclaves occupait une place spécifique et elle était constituée, en général, d'ennemis et d'étrangers « kidnappés ». La structure étatique, comme dans les contrées asiatiques, était essentiellement liée à la ville, et les cités étaient souvent rivales. C'est d'ailleurs ce qu'illustre l'*Iliade*, qui est avant tout l'histoire d'une trêve entre les cités achéennes, pour une fois alliées afin de combattre une voisine trop puissante (Troie était aussi hellénique, au sens large du terme, puisque la ville avait été fondée par des Ioniens).

Mais la grande cité d'Asie mineure n'a pas été la seule à faire les frais de la politique d'expansion des Grecs du continent. La Crète, l'autre pôle de la « révolution mycénienne », est tombée sous le contrôle direct des Achéens au XVe siècle av. J.-C. Renforcés par leurs nouvelles conquêtes, ces derniers ont tissé un réseau serré de relations commerciales et politiques avec toute la Méditerranée orientale et centrale, basé sur l'échange de marchandises et de « produits » culturels.

27 À GAUCHE
La « coupe de Nestor » a elle aussi été trouvée dans une tombe mycénienne. C'est un canthare en feuille d'or qui pèse près de 300 g.

27 À DROITE
La « déesse aux serpents » (Knossós, vers 1500 av. J.-C.), vêtue avec toute l'élégance qui devait caractériser les femmes crétoises, est une figure fréquente dans l'art minoen et représente la Grande Déesse mère.

Le panthéon achéen, avec des divinités et des légendes dérivées en partie de la religion crétoise, va montrer sa capacité à s'ouvrir à des cultures diverses, en englobant des éléments empruntés aux cultes avec lesquels il est en contact. Zeus, par exemple, est le dieu « nordique » de la foudre, qui a épousé Héra, une version plus agressive de la Grande Déesse mère méditerranéenne, issue du néolithique, pour passer dans la religion crétoise. Dans les mythes de l'île de Minos apparaissent Athéna, Artémis, Hermès, Poséidon et Héphaïstos.

Les dieux de l'Olympe vont résister

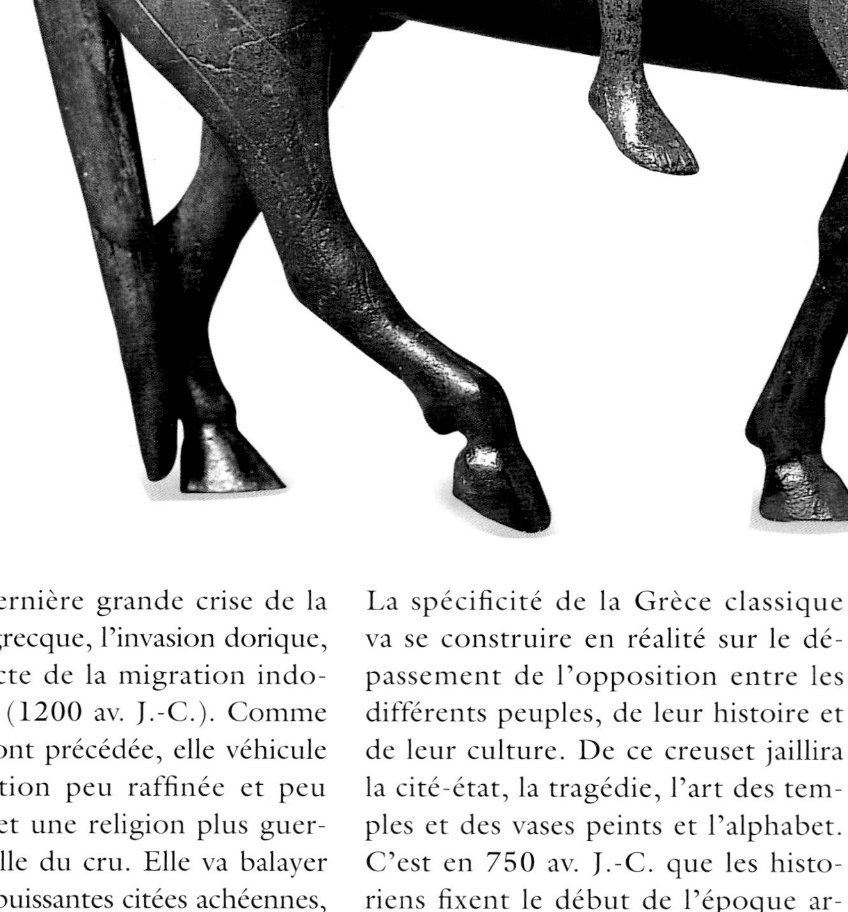

aussi à la dernière grande crise de la préhistoire grecque, l'invasion dorique, troisième acte de la migration indoeuropéenne (1200 av. J.-C.). Comme celles qui l'ont précédée, elle véhicule une civilisation peu raffinée et peu structurée, et une religion plus guerrière que celle du cru. Elle va balayer les belles et puissantes citées achéennes, mais vainqueurs et vaincus vont trouver le moyen de se fondre, ou tout au moins de vivre ensemble. En fait, la culture dorique ne survivra à l'époque classique que dans la cité de Sparte, avec sa société fermée et guerrière.

La spécificité de la Grèce classique va se construire en réalité sur le dépassement de l'opposition entre les différents peuples, de leur histoire et de leur culture. De ce creuset jaillira la cité-état, la tragédie, l'art des temples et des vases peints et l'alphabet. C'est en 750 av. J.-C. que les historiens fixent le début de l'époque archaïque, et c'est à peu près à la même période que l'on peut commencer à parler du peuple habitant la péninsule balkanique sous un seul et même nom, les Hellènes, qui existe encore aujourd'hui.

qui s'en vont pour « chercher fortune » ou, plus simplement, afin de fuir la famine. Tout va se passer comme 2 500 ans plus tard, quand les Européens miséreux traverseront l'Atlantique vers l'Amérique. Les Grecs s'installent sur les rivages les plus riches et fondent des colonies, entre 700 et 500 av. J.-C. Ce sont notamment Naples, Marseille et Byzance. En conservant des rapports étroits avec la ville dont elles sont originaires, ces colonies deviennent des centres de diffusion de la culture et de l'art grecs. Les colons se taillent vite une réputation pour leurs capacités commerciales et leur efficacité contre la piraterie. Ils vont jusqu'aux confins du monde connu pour vendre leurs précieuses marchandises. C'est ainsi que le musée archéologique de Dublin, à côté des navires vikings, présente de superbes vases grecs peints ou des coupes de libation provenant de Sámos ou de Corinthe, et ces objets sont tous issus de fouilles irlandaises.

29 EN HAUT À GAUCHE
L'infanterie lourde, formée d'hoplites, constitue le véritable « corps d'élite » des cités helléniques. Les guerriers, armés d'une lance et d'une épée, sont bien protégés par une solide armure de bronze et un grand bouclier.

29 EN BAS À DROITE
Solon, l'un des hommes politiques athéniens les plus influents par son œuvre réformatrice, a imposé l'interdiction de la prison pour dette. Sa constitution, qui date de 500 av. J.-C., met en place une division censitaire des citoyens et leur attribue une série de droits et de devoirs.

28 EN HAUT À GAUCHE
Ce cavalier stylisé témoigne de l'influence orientale sur l'art grec. En fait, étant donné le caractère accidenté du terrain, la cavalerie ne représentait pas grand-chose dans les armées grecques.

28 EN BAS À DROITE
Ce casque en bronze de style corinthien, datant de 500 av. J.-C., provient de la nécropole archaïque de Agía Paraskeví, et appartient à l'âge d'or de la civilisation grecque.

Grâce à la forte expansion économique du VIe siècle av. J.-C., l'artisanat et le commerce se développent et l'on commence à battre monnaie. Et c'est d'abord pour fixer les règles des échanges que l'on se met à écrire les lois. À Athènes, la plus ouverte et la plus dynamique des cités, la démocratie de Solon et de Clisthène s'impose. C'est l'assemblée de la cité qui prend les décisions politiques et militaires ; tout le monde n'en fait pas partie mais seuls les esclaves, les femmes et les pauvres en sont en fait exclus.
En même temps, la Grèce se développe et éprouve le besoin de sortir des limites étroites de la péninsule balkanique. L'importance du commerce se fait d'autant plus sentir que le sol grec est pauvre. La vigne prospère, de même que l'olivier, mais le blé est rare et ne pousse que dans la plaine de Thessalie. Comme toujours, dans les cas semblables, ce sont les plus pauvres

30 À GAUCHE
Le stratège athénien Miltiade a convaincu ses concitoyens de marcher contre les Perses de Darios, débarqués à Marathon, où l'armée devait remporter la victoire retentissante que l'on sait, plutôt que de se retrancher derrière les murs de la ville.

30-31 La bataille de Marathon, représentée ici sur un sarcophage, a marqué le coup d'arrêt de la conquête des Perses. La rébellion de l'Égypte, satrapie de l'Empire, et la mort de Darios empêchèrent toute nouvelle attaque à brève échéance.

À l'aube du ve siècle av. J.-C., l'Histoire va connaître une brusque accélération : l'armée de Darios, puis celle de son fils Xerxès, débarque d'Asie. Ce sont les guerres médiques, et celles-ci vont conduire à la formation de la Grèce classique, telle que nous l'entendons habituellement.

Les Perses commencent par soumettre les colonies grecques en Asie mineure, puis s'attaquent à leur mère patrie ellemême. C'est apparemment une lutte inégale qui oppose l'immense armée impériale et les troupes relativement clairsemées des diverses cités helléniques. Toutefois, le premier acte est une vraie surprise car les Athéniens, en 490 av. J.-C., l'emportent sur les forces de Darios dans la bataille de Marathon. Le deuxième va suivre bientôt car Xerxès veut une revanche : il attaque par le nord avec une partie de sa gigantesque armée (plus de cent mille hommes). Aux Thermopyles, la patrouille de trois cents Spartiates, sous la direction du roi Léonidas, résiste héroïquement, mais ne parvient pas à arrêter l'armée de Xerxès, alors que les Athéniens et leurs alliés triomphent de la flotte perse devant l'île de Salamine, au moyen d'une ruse imaginée par Thémistocle. Au printemps 479 av. J.-C., l'armée perse de Mardanios est battue par les cités grecques enfin unies.

30 À DROITE EN BAS
Les bas-reliefs de Persépolis donnent une idée de l'immense administration de l'Empire perse. On voit ici une longue file de personnages officiels venant rendre hommage au souverain. C'est ainsi que devaient être les généraux de Darios, stratèges de l'armée qui, à partir de 499 av. J.-C., a menacé la liberté des cités grecques.

31 EN BAS À GAUCHE
Sur ce tesson de terre cuite figure le nom du général Thémistocle. Avec cette tablette, un Athénien inconnu mais influent a contribué à faire condamner à l'exil le héros de Salamine.

31 EN BAS À DROITE
Thémistocle a été l'artisan de la victoire des Grecs à Salamine, en 480 av. J.-C. Peu de temps après, en 471, le stratège, contraint à l'exil, a trouvé refuge auprès du roi de Perse, Artaxerxès Ier, en échange de la promesse de diriger son armée contre les Athéniens. Lorsque le roi lui demanda de tenir sa parole, il préféra se suicider.

Athènes est le véritable vainqueur moral des guerres médiques. Sous l'égide de la ligue de Délos, beaucoup de villes d'Asie mineure passent un accord économique et politique avec la capitale de l'Attique. Sur le plan intérieur, le parti démocratique prédomine, bénéficiant du renfort d'hommes nouveaux, en particulier de Périclès, aristocrate converti à la cause démocratique ; c'est lui qui a voulu l'Acropole et ce grand monument dédié à Athéna qu'est le Parthénon.

À l'exemple d'Athènes, toutes les cités participent de cette grande renaissance hellénique qu'est l'époque classique, avec son foisonnement d'idées nouvelles et ses personnalités artistiques. Une telle effervescence s'est rarement produite dans l'histoire de l'humanité, et les hommes qui l'ont marquée avaient pour nom Eschyle, Sophocle, Euripide, Aristophane, Hérodote, Thucydide ou Phidias. Cependant, et subitement après cette période de splendeur, va survenir l'effondrement.

32 À DROITE
Périclès, dont nous voyons ici le portrait sculpté idéalisé, voulait transformer Athènes dans un dessein politique et culturel d'hégémonie, mais le choix de couvrir de monuments l'Acropole et le centre de la ville a donné également une forte impulsion économique.

33 EN BAS
Théâtre de Dionysos, creusé au flanc de l'Acropole, dont le premier rang des gradins comportait soixante-sept places réservées aux magistrats et aux prêtres. En général, la cité « payait les billets » des citoyens pauvres. Dans l'Athènes du Ve siècle av. J.-C., trois tragédiens se sont imposés: Eschyle, ancien combattant de Marathon, Sophocle et Euripide.

32 À GAUCHE
Cette gravure du XIXe siècle montre à quoi pouvait ressembler, à l'intérieur du Parthénon, la gigantesque statue chryséléphantine d'Athéna, réalisée par Phidias. L'œuvre, que nous pouvons parfaitement imaginer, a disparu du temple à l'époque byzantine.

32-33 Vingt ans ont suffi à Périclès (de 450 à 430 av. J.-C.) pour faire d'Athènes une ville unique au monde. « Notre cité, aurait-il dit – selon Plutarque – aux Athéniens, après avoir satisfait aux obligations de la guerre, ne devrait-elle pas investir ses moyens dans des œuvres qui exprimeraient, une fois terminées, sa gloire éternelle, et qui nous apporteraient beaucoup d'avantages concrets par leur réalisation ? » Le résultat de cette politique est illustré par cette reconstitution d'Athènes à l'apogée de sa puissance.

34 À GAUCHE EN BAS
En 359 av. J.-C., Philippe, dont on voit ici le portrait idéalisé, devient roi de Macédoine. Éduqué en Grèce et très bon orateur, le père d'Alexandre allie des qualités de stratège à un grand talent de diplomate. Par les armes et la négociation, il a réussi à conquérir la totalité de l'Hellade en l'espace de quelques années.

34-35 Au printemps 334 av. J.-C., le jeune Alexandre, deux ans après la mort de son père, débarque près de Troie. Il célèbre un sacrifice en l'honneur d'Achille et attaque l'armée perse sur le fleuve Granique, s'ouvrant ainsi la conquête de l'Asie. On voit ici une gravure du XIXe siècle représentant la charge des Macédoniens.

L'aggravation des relations, déjà tendues, avec Sparte, la guerre du Péloponnèse qui s'en est suivie, la peste qui a décimé la population d'Athènes et à laquelle Périclès lui-même a succombé, et des choix politiques et tactiques peu heureux entraînent la chute de la grande cité, à la fin de ce siècle prestigieux. Sparte et Thèbes occupent alors tour à tour la première place parmi les villes grecques. Bien après, alors que le siècle de Périclès est presque oublié et qu'Athènes se remet lentement, se produit l'invasion des Macédoniens, peuple des frontières qui a jusqu'alors vécu dans les marges de l'histoire hellénique. Philippe II, roi de Macédoine, ayant solidement structuré son pouvoir, au nord de la péninsule hellénique, met

35 EN HAUT
Alexandre a réalisé une œuvre immense et inégalée dans l'Histoire, devenant un véritable mythe. Ce portrait superbe est dû à Léocharès.

35 EN BAS
Le bas-relief de Xanthos représente les hoplites montant à l'assaut d'une enceinte fortifiée.

sur pied une armée puissante, capable d'attaque rapide et, surtout, développe une politique qui rencontre un écho important dans toute la Grèce, en affirmant sa volonté de constituer une nation forte et unie. En 338 av. J.-C., il remporte une victoire contre Athènes à Chéronée et réunit toutes les cités dans la ligue de Corinthe : chacune garde formellement sont autonomie mais toutes doivent reconnaître l'autorité du roi de Macédoine.

Philippe II meurt avant d'étendre son pouvoir au-delà des limites de la péninsule balkanique. Son fils, Alexandre, va entreprendre la conquête des territoires des Perses, les ennemis héréditaires des Grecs. Il prend d'abord le contrôle de l'Asie mineure, puis de l'Égypte où il fonde cette cité hellénistique par excellence qu'est Alexandrie, et s'attaque ensuite seulement à la Perse, d'où il poursuit pour parvenir jusqu'à l'Indus. Il meurt dans la dixième année d'une campagne militaire unique, à seulement 33 ans, en 323 av. J.-C.
C'est ainsi que naissent les royaumes grecs d'Asie, où se succéderont diverses dynasties, alors que les cités grecques elles-mêmes demeurent sous le contrôle des rois de Macédoine, descendants d'un des proches compagnons d'Alexandre. Les routes du commerce et de l'économie, mais aussi de la culture, passent désormais ailleurs.

36 L'Hermès de Praxitèle, du musée archéologique d'Olympie, est l'un des exemples les plus achevés de l'art grec à sa maturité. L'œuvre témoigne avant tout de la volonté de marier l'idéal esthétique et le « Beau dans la nature ». Praxitèle est également l'auteur d'un « canon » sur la position du corps dans la statuaire.

37 À GAUCHE L'art hellénistique semble avoir atteint toute la perfection de sa maturité dans la Vénus de Milo – qui est évidemment Aphrodite –, œuvre universellement connue, due à un sculpteur Grec continental du IIe siècle av. J.-C.

37 À DROITE Encore une représentation d'Aphrodite. Il s'agit ici d'une copie, datant du Ier siècle av. J.-C., d'un original hellénistique. La pose, originale, témoigne de la maestria d'un artiste de l'époque de la décadence.

En 214 av. J.-C., les Romains mettent le pied sur la péninsule grecque, pour la première des trois guerres macédoniennes. Moins de cinquante ans plus tard, en 168, le consul Paul Émile conquiert la Macédoine et annexe en entier la nouvelle province. Dès lors, l'histoire grecque va se confondre avec l'histoire romaine. Les affranchis, les philosophes et les hommes politiques émigrés dans la nouvelle capitale entrent dans les palais du pouvoir, et la Grèce devient en fait le théâtre des batailles internes de l'Empire : Pharsalles, Philippes et Actium sont des noms marquants de la géopolitique romaine, des lieux de batailles livrées par César et ses successeurs. La *pax romana* ne va se fissurer que vers 200 apr. J.-C. avec l'invasion des Goths, mais c'est surtout le christianisme, devenu religion d'état sous Constantin, qui va détruire les bases de l'hellénisme. Vers la fin du IIIe siècle, la division de l'empire et la nouvelle invasion des Goths achève la décadence économique et culturelle, sonnant le glas de la Grèce romaine. Il reste toutefois l'empire d'Orient qui s'étend de l'Italie adriatique à toute l'Afrique du Nord et à l'Asie mineure, où l'on parle grec, avec comme centre politique Byzance, la future Constantinople et ancienne colonie de Mégare. Mais, en réalité, la Grèce n'y est qu'une « province secondaire », assez pauvre. La péninsule hellénique devient ensuite une terre de conquête pour les vagues successives de

« barbares » venus du nord-est. Après l'invasion d'Attila en 447, les Huns reviennent piller la Grèce à plusieurs reprises, et les tribus slaves la parcourent sans se limiter à leurs zones d'influence « naturelles », comme l'Épire (où, selon les Grecs, on parle encore avec l'accent guttural typique de la langue slave) et la Macédoine. La cour de Byzance est trop occupée, sur sa frontière sud-ouest, à essayer de tenir tête à un nouvel ennemi puissant, pour s'occuper de la province hellénique. Et en 638, moins de six ans après la mort de Mahomet, les armées islamiques ont conquis la Perse et la Palestine ; elles se préparent à envahir l'Égypte et à s'emparer d'Alexandrie, le véritable centre commercial et culturel de la Méditerranée méridionale.

38 EN HAUT
Ce portrait d'un personnage inconnu, un bronze datant de 100 av. J.-C., trouvé dans l'île de Délos, montre que la tradition grecque du Beau idéal, constante dans toute l'histoire hellénique, a réussi à se maintenir dans le style plus réaliste de l'art romain.

38 EN BAS
Sur l'Arc de Galère, à Thessalonique, ce relief montre une scène de guerre à la porte d'une cité. Entre les personnages, on distingue la silhouette d'un éléphant « de guerre ». L'Arc est érigé sur la Via Egnatia, grande artère percée par les Romains, qui prolongeait la route ouest-est, tracée à travers les montagnes de la province de l'Empire.

39 EN HAUT
Le consul Metellus entre à Athènes. C'est seulement après la victoire du consul Paul Émile contre le royaume de Macédoine, à Pydna, que la « province grecque » est annexée à l'Empire romain, en 146 av. J.-C.

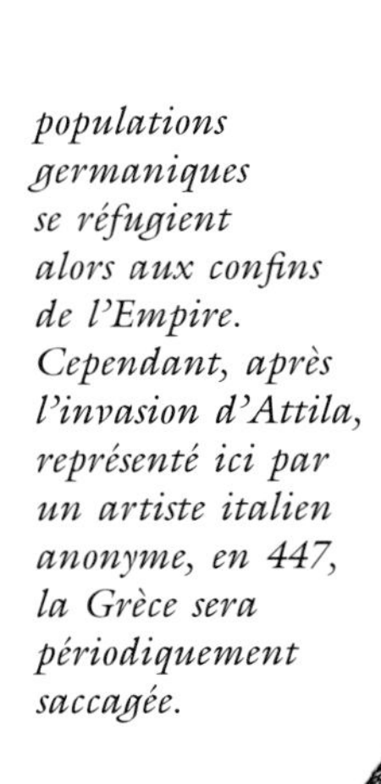

39 EN BAS
À partir de 375 apr. J.-C., les frontières impériales du Danube et du Rhin cèdent sous la pression des Huns qui, depuis toujours, cherchent à pénétrer l'Occident depuis les steppes de la Mongolie. Par vagues, les populations germaniques se réfugient alors aux confins de l'Empire. Cependant, après l'invasion d'Attila, représenté ici par un artiste italien anonyme, en 447, la Grèce sera périodiquement saccagée.

La vague des combattants du Prophète submerge l'Afrique du Nord, avec la bénédiction des populations qui détestent l'Empire byzantin et ses gouverneurs. En 670, les Arabes sont aux portes de Constantinople : les sept années de siège qui suivent se terminent par la retraite des troupes islamiques. Paradoxalement, ce sont les pillards à cheval qui avaient incendié et détruit l'empire d'Orient qui transmettront les textes classiques, à partir de la philosophie d'Aristote. Étant donné l'état de décrépitude de l'Empire byzantin, la pénétration slave dans la péninsule est inévitable. L'Empire continue de régler ses comptes avec ses voisins turbulents au cours des siècles suivants, au moins jusqu'à la période iconoclaste, à cheval sur les VIIIe et IXe siècles, qui marque une offensive contre Byzance, d'origine islamique et judaïque. En 864, les Bulgares se convertissent à la religion orthodoxe, mais ce n'est pas suffisant pour détourner la menace slave. La tension est très vive avec la conquête de la Thrace et de la Macédoine par le khan de Bulgarie, Siméon Ier, et, plus tard, avec l'expansion en Thessalie du tsar Samuel, battu en 1014 par l'empereur Basile II, dit le Bulgaroctone (« tueur de Bulgares »).

À la fin du premier millénaire de l'ère chrétienne, de grands bouleversements agitent tout le bassin méditerranéen : d'abord le passage de la première croisade, de Godefroi de Bouillon à travers l'Empire byzantin, puis l'expansion des Normands et des Vénitiens.

41 EN BAS
Miniature du manuscrit rédigé en grec et intitulé Oracle de Léon le Sage, *qui représente le « trône vacant de Constantinople », allégorie d'une défaite infligée aux Ottomans par l'empereur Léon, fils de Basile et d'Eudocie.*

40-41 La Grèce byzantine n'a pas échappé aux invasions. Ce sont surtout les tribus slaves, notamment les Bulgares, qui ont déferlé sur la péninsule. Il s'agit ici d'un texte médiéval enluminé représentant une des nombreuses tentatives malheureuses des envahisseurs devant Thessalonique.

40 EN BAS
Miniature d'un manuscrit médiéval français montrant le chef des forces françaises de la première croisade, Godefroi de Bouillon, donnant des ordres à ses officiers.

41 EN HAUT
Au IX*e siècle, Basile I*er *épouse Eudocie Ingerina. Le trousseau nuptial et les détails architecturaux montrent la richesse et la force de l'Empire byzantin qui, à cette époque, s'est séparé de l'Église romaine.*

42 *À GAUCHE EN HAUT*
Tirée de la Relation des mouvements des armées ottomanes, *cette minutieuse reconstitution montre la bataille navale de Milo qui a vu le déploiement impressionnant des puissantes forces ottomanes et vénitiennes.*

42-43 À Lépanthe, les Occidentaux vont s'imposer avec une armée regroupée à la hâte et peu aguerrie. Les armes à feu s'y révéleront décisives. En effet, il était beaucoup plus simple et rapide d'apprendre à se servir des fusils rudimentaires de l'époque que de décocher des flèches avec précision.

42 *À GAUCHE EN BAS*
Le manuscrit Mémoires turques, *du XVII*[e] *siècle, dans le style d'origine iranienne des miniaturistes turcs, illustre un autre épisode de la guerre entre l'Empire ottoman et Venise. Il s'agit de la prise de la tour de Lemnos, île se trouvant près de la côte turque.*

43 *À DROITE*
Sur l'île de Rhodes, les moines soldats de l'ordre de Saint-Jean ont résisté pendant deux siècles à la pression de l'Empire ottoman. En 1522, Soliman II engage un siège qui va lui permettre, en l'espace de six mois, d'éliminer la présence occidentale dans l'île. Comme le suggère cette miniature, les forces turques étaient les plus nombreuses.

À partir du XIe siècle, avec sa puissance commerciale et militaire, Venise commence son expansion vers l'est. Elle édifie des châteaux forts sur les îles et les côtes grecques, surtout à partir du moment où Byzance demande de l'aide aux Vénitiens afin de combattre le Normand Roger II qui, à partir de son royaume de Sicile, avait conquis Corfou et l'Attique.
En terre grecque, les superpuissances de l'époque jouent une partie d'échecs. À Venise reviennent les places commerciales ; aux princes francs, en 1200, le royaume de Thessalonique, le duché d'Athènes et la principauté de Morée ; à Byzance, le despotat de l'Épire, confié aux Comnènes. La capitale de la Grèce byzantine devient de fait Mistra, centre d'une renaissance culturelle qui concurrence même celle de Constantinople. C'est de là que part la redécouverte de la philosophie platonicienne, qui se développe comme une réaction face à l'aristotélisme du Moyen Âge et qui va s'imposer, d'abord en Italie, puis

dans le reste de l'Europe, établissant les prémices de la Renaissance. Et l'action de la diaspora des intellectuels byzantins, à la suite de la chute de Constantinople (1453) sous la poussée ottomane, va faire partie des causes directes de cette Renaissance.
La conquête de la Grèce par les Ottomans commence en 1400 : d'abord la Thrace, la Thessalie, la Macédoine, l'Épire, puis Thessalonique, et enfin Athènes, qui tombe en 1460, alors que le Péloponnèse et l'île d'Égine restent vénitiens. La situation ainsi créée est instable, étant donné la double influence turque et vénitienne, et conduit à la bataille de Lépanthe qui marque un coup d'arrêt à l'expansion ottomane vers l'Occident. La Grèce, province de l'Empire ottoman, demeure sous un régime féodal assez proche, en fin de compte, de celui qu'elle avait connu sous Byzance. Le monde musulman ottoman n'impose pas la conversion de masse, au moins celle des adultes, mais endoctrine les enfants et encourage les jeunes à pratiquer. Les impôts sont recouvrés par des administrateurs, souvent d'origine bulgare ou albanaise, ce qui constitue un motif supplémentaire aux tensions qui vont caractériser, jusqu'à aujourd'hui et souvent tragiquement, les rapports entre les peuples des Balkans. Les paysans des zones les plus riches tombent dans le servage, mais les Grecs contrôlent encore les parties montagneuses et les zones de compétence des monastères orthodoxes. À la fin du XVe et au XVIe siècle, les révoltes se succèdent. Dans les contrées montagneuses reculées, qui n'intéressent guère les Turcs, se met en place une administration grecque, rudimentaire et protégées par les klephtes, à la fois brigands et montagnards résistants.
Au début du XVIIe siècle, les Turcs prennent le contrôle du Péloponnèse qui se trouvait toujours sous influence vénitienne. Il faudra encore un siècle de lent déclin de l'Empire ottoman, pour arriver à la véritable renaissance grecque, qui sera suivie avec sympathie, et parfois aidée activement, par toute

l'Europe qui commence à s'enflammer pour la cause de la liberté. Le mouvement des Philhellènes n'est pas seulement un idéal culturel ni un produit d'inspiration romantique : il a conduit lord Byron, déjà célèbre, à s'embarquer pour la Grèce afin d'y combattre les Turcs. En outre, les échanges politiques sont nombreux entre le *Risorgimento* italien et la lutte pour l'indépendance de la Grèce : d'un bord à l'autre de la mer Ionienne s'établit un trafic intense d'exilés politiques des deux pays.

Sur le pont de l'Alamána, chanté dans tant de refrains populaires, y compris ceux de la Résistance des années 1940, les premières escarmouches marquent

le début de la guerre d'indépendance. En 1821, près de Lamía, dans la Grèce centrale, une patrouille de l'armée turque rencontre un groupe d'hommes armés de la milice locale – officiellement sous l'autorité du sultan, mais luttant en fait pour l'indépendance –, sous le commandement d'Athanásias Dhiákos, ancien prêtre orthodoxe. La bataille s'engage et les Grecs combattent, dit-on, comme des lions ; cependant, les Turcs sont plus nombreux et Dhiákos est fait prisonnier, condamné et empalé sur la place centrale de Lamía. Cette même année, en 1821, la révolte s'embrase. Elle est soutenue par le clergé orthodoxe et touche toute la péninsule, avec ses points forts dans le Péloponnèse. Les Turcs demandent le soutien du pacha d'Égypte et la guerre d'indépendance grecque devient un conflit international dans lequel interviennent les grandes puissances : la France, la Russie et l'Angleterre affrontent les forces ottomanes et les battent définitivement à Navarin, en 1827. Ces mêmes nations choisissent le roi qui gouvernera la Grèce après l'assassinat en 1831 de Capo d'Istria, président de la République élu, qui s'était installé dans la ville de Nauplie, localité située au fond du golfe Argolique, symbole de la Grèce classique qu'il s'agissait, d'une certaine manière, de faire revivre. C'est un prince allemand, Otton de Bavière, qui délaissera bientôt Nauplie pour le palais royal d'Athènes, construit à la hâte. Ce roi apporte avec lui ses fonctionnaires, sa cour et même son armée, et les Grecs ne sont pas satisfaits. La situation économique est difficile et le pays trop petit, puisqu'il ne comprend que le Péloponnèse, les Cyclades et la moitié de la Grèce continentale. L'idée de revanche est dans l'air et alimente un hypothétique projet de renaissance de l'Empire byzantin. En 1843 intervient le premier des coups d'État militaires qui vont malheureusement marquer la vie politique grecque, presque jusqu'à aujourd'hui. La monarchie est théoriquement constitutionnelle mais Otton Ier exerce un pouvoir quasi absolu. Le mécontentement des intellectuels et des étudiants est aggravé par le soutien apporté par le roi à l'Autriche, dans la guerre d'indépendance italienne. La révolte s'étend et, en 1862, Otton est contraint de renoncer au trône.

Toutefois, la solution apportée à la crise n'est pas fondamentalement différente. La couronne revient à un prince de la famille régnante du Danemark, Georges Ier, qui prend le titre de roi des Hellènes (et non plus des Grecs comme son prédécesseur), car l'Angleterre a cédé les îles Ioniennes. Le nouveau roi accepte une autre constitution intégrant le régime parlementaire, mais les crises politiques se succèdent presque sans arrêt de 1864 à 1908.

L'insurrection de la Crète, en 1897, conduit le roi à engager avec la Turquie un conflit qui se termine mal pour les Grecs. Toutefois, les conséquences sont faibles et la royauté grecque ne perd presque rien.

À la suite d'un nouveau coup d'état, en 1910, c'est Elefthérios Venizélos qui devient premier ministre. En quatre ans, et avec l'aide des autres états

44 EN HAUT Lord Byron, le plus célèbre des intellectuels accourus pour défendre la cause grecque, est représenté sur la tombe de Markós Botzaris, héros de l'indépendance.

44-45 La bataille de Navarin, en 1827, marque la victoire des puissances alliées pour la défense de la Grèce, après la demande d'aide envoyée par le sultan au pacha d'Égypte.

45 À GAUCHE La Grèce expirant sur les ruines de Missolonghi. Cette œuvre de Delacroix exprime bien le sentiment romantique des étrangers qui venaient combattre pour l'Hellade.

45 À DROITE Otton de Bavière devient roi de Grèce en 1832, par la grâce des puissances occidentales qui avaient soutenu la révolte nationale hellénique dans le but de contenir la puissance de la Sublime Porte, considérée comme un voisin dangereux.

*46-47 Tirée de l'*Illustrazione italiana*, cette photographie montre « la dernière promenade du roi Georges Ier avant son assassinat, à Thessalonique », en 1913. Sous son règne, la Grèce a récupéré la Thrace, l'Épire et les îles Ioniennes, devenant un état libéral, mais toujours sous la tutelle des puissances occidentales.*

46 EN BAS
Les troupes insurrectionnelles défilent dans les rues de Thessalonique lors des mouvements de 1916, inspirés par l'ancien président du Conseil du roi Georges Ier, Elefthérios Venizélos qui, en 1917, instaurera un gouvernement militaire.

balkaniques, il réussit à doubler le territoire de la Grèce, qui annexe l'Épire, la Macédoine et, de nouveau, la Crète. Sur le plan intérieur, le nouveau gouvernement, plus fort face à la monarchie, organise un état libéral. En 1913, le roi Georges Ier est assassiné à Thessalonique et son successeur, Constantin Ier, pousse à une alliance avec l'Allemagne et l'Empire austro-hongrois à la veille de la Première Guerre mondiale. Au contraire, le gouvernement Venizélos veut se rapprocher des Alliés, c'est-à-dire la France, l'Angleterre et l'Italie. Poussé à la démission, Venizélos se porte à la tête d'une insurrection militaire et Constantin Ier est contraint d'abdiquer en faveur de son jeune fils, Alexandre.

47 À DROITE EN BAS Venizélos est sans doute la plus forte personnalité politique grecque de la fin du XIXe et du début du XXe siècle. Il a été le point de référence de l'armée – unique interlocuteur politique structuré pendant très longtemps – en même temps que l'artisan des réformes libérales. Le « fin Crétois », habile diplomate et homme d'état intelligent, est aujourd'hui encore un personnage controversé.

47 À GAUCHE Cette photographie montre un épisode de la guerre balkanique de 1913. Les Grecs avançaient alors vers Ioánina, capitale de l'Épire. Les soldats, postés au bord de la route, épaulent en attendant l'ordre d'attaquer.

47 À DROITE EN HAUT Portrait officiel du roi Constantin Ier avant qu'il n'abdique. Remplacé en 1917 par son jeune fils Alexandre, il remontera sur le trône en 1920. Cependant, en 1922, il sera contraint à une seconde abdication à cause des désastres de la guerre contre la Turquie.

À la fin de la guerre, la Grèce siège parmi les vainqueurs à la table des négociations et tente d'obtenir les côtes et les îles d'Asie mineure peuplées d'une majorité de Grecs.
En 1919, les troupes helléniques entrent à Smyrne mais l'armée turque, sous les ordres de Mustafa Kemal, le futur Atatürk, reprend la ville, qu'il incendie en massacrant les Grecs encore présents : le rêve de la « Grande Grèce » s'effondre. C'est le début de la désastreuse guerre gréco-turque qui se termine, avec le traité de Lausanne (1923),

par un échange obligatoire de population : les Turcs de Grèce – près de quatre cent mille personnes – émigrent en Asie mineure, mais plus d'un million de Grecs doivent prendre la route vers une patrie qu'ils ne connaissent pas. C'est une catastrophe sociale et économique, mais surtout un désastre humain que va décrire, avec une étonnante lucidité, un journaliste nommé Ernest Hemingway.
En 1920, le jeune roi Alexandre meurt et – chose rare – c'est son père, Constantin, qui lui succède. Toutefois, les événements d'Asie mineure entraînent à nouveau l'abdication de Constantin (1922) en faveur de son fils Georges II. Deux ans plus tard, la République est proclamée. Mais la Grèce entre dans une période très instable avec plusieurs coups d'état militaires, jusqu'au nouveau gouvernement Venizélos, de 1928 à 1932. Après un intermède de junte militaire en 1935, Georges II retrouve son trône.
Ce dernier impose au parlement, en 1936, la nomination du général Metaxás comme premier ministre. C'est le début d'une dictature similaire à celles d'Hitler, de Mussolini et de Franco, mais qui n'évitera pas à la Grèce l'invasion des Puissances de l'Axe. Le 28 octobre 1940, Grazzi, l'ambassadeur italien à Athènes, remet

48 EN HAUT
Mustafa Kemal, le futur Atatürk, « père des Turcs », a pu empêcher l'expansion de la Grèce jusqu'à Constantinople grâce à ses capacités d'homme politique et de stratège.

48-49
Débarquement des troupes grecques à Smyrne, accordée à la Grèce en 1919 par les Alliés pour l'aide qu'elle leur a apporté durant la Première Guerre mondiale.

l'exigence italienne du « libre passage » sur le territoire grec au général Metaxás. Celui-ci refuse et, trois jours plus tard, l'armée de Mussolini débarque sur les côtes Ioniennes pour venir s'enferrer rapidement sur les montagnes de l'Épire. Les troupes grecques, mal organisées et mal équipées – comme d'ailleurs l'armée italienne – engagent une longue et difficile guerre de position. La situation ne se débloque que le 6 avril 1941 avec l'arrivée de l'armée allemande, d'abord en Yougoslavie, puis en Albanie et en Grèce. Toutefois, si elle règle l'issue de la bataille, cette intervention ne met pas fin aux difficultés des occupants. Le premier régiment de parachutistes allemands, qui saute sur la Crète, est exterminé, et la bataille fait rage un peu partout dans la péninsule.

49 EN HAUT
Le 6 avril 1941 commence l'offensive allemande contre la Grèce et celle-ci annonce sa reddition le 24 avril. Seule la Crète continue à combattre. Nous voyons ici les effets des bombardements allemands de mai 1941 sur la ville de Khaniá.

49 EN BAS
Le feld-maréchal List consulte son plan de bataille à Lárissa, au centre de la Grèce. L'armée allemande n'est intervenue en Grèce qu'après l'échec de l'offensive italienne, commencée en octobre 1940 et stoppée au pied des montagnes de l'Épire jusqu'au printemps 1941, grâce à la résistance acharnée de l'armée grecque.

En 1941, la résistance grecque est encore très faible : la seule action d'éclat est celle de Manolis Glezo qui décroche le drapeau nazi du Parthénon. L'année suivante naît le Front national de libération, l'EAM, sous l'impulsion du parti communiste grec (KKE) et avec le soutien des syndicats et des petits partis de gauche (y compris les socialistes). Début 1942, l'EAM crée une

organisation militaire, l'Armée populaire grecque de libération (ELAS). Au même moment, durant l'hiver 1941-1942, la Grèce paie très durement la guerre et la défaite puisque la famine cause la mort de trois cent mille personnes. À partir de la fin 1942 et en 1943, une mobilisation populaire se développe contre l'occupant. Athènes est la seule capitale occupée à connaître une manifestation de masse contre le travail forcé et la déportation : dans une ville qui compte un million d'habitants, deux cent mille personnes descendent dans la rue.
De plus, la résistance se renforce un peu partout. Les campagnes deviennent dangereuses pour les troupes italo-allemandes et, le 7 mars 1943, la garnison italienne de Grevena, ville du nord de la Grèce, est attaquée et mise en déroute par une troupe improvisée de paysans.
Mais les résistants iront beaucoup plus loin. À part Athènes, Thessalonique et les grandes voies de communication, la

50 À GAUCHE
Les chars allemands avancent dans les rues de la ville de Kozáni, au nord de la Grèce. À partir de 1942, une véritable résistance armée s'est organisée au cœur des montagnes, contre les forces d'occupation.

50-51 Détachement des troupes allemandes sur le canal de Corinthe qui relie le golfe de Patras et le port d'Athènes. Pour des raisons de sécurité, les transports s'effectuaient à bord d'embarcations de tonnage et de tirant d'eau réduits, seules capables d'effectuer la traversée.

péninsule se trouve, dès la fin de 1943, entre les mains de l'Armée de libération, l'ELAS, dirigée par un chef charismatique, Aris Veloukhiotís, communiste peu orthodoxe, qui montre une réelle indépendance vis-à-vis de Moscou dans la direction du parti grec. Au printemps 1943, les effectifs de l'ELAS ne se chiffrent qu'à cinq mille hommes mais, cinq mois plus tard, ils atteignent déjà quarante mille combattants, issus des campagnes, sans compter les « agitateurs » de l'EAM dans les villes.

Les « zones libérées », dirigées et administrées par l'ELAS, selon les principes de l'égalitarisme et du collectivisme, ne mettent pas la Grèce en dehors de la tragédie de l'occupation : en 1943 et 1944, les cinquante-cinq mille Juifs de Thessalonique sont envoyés en camp de concentration. Sur les soixante-huit mille Juifs grecs arrêtés et déportés en Allemagne, seuls deux mille reviendront. Peu après le début de l'occupation allemande, le gouvernement grec en exil se constitue au Caire, sous l'égide du roi et avec une majorité de centre-droit.

En 1942, une nouvelle organisation de résistance, l'EDES (Ligue nationale démocratique grecque), est fondée avec le soutien de la monarchie et de l'Angleterre. Elle est dirigée par le général Zervas. Les deux factions coopèrent dans quelques grandes opérations de sabotage, comme la destruction du viaduc de chemin de fer sur le Gorgopótamos, qui va interrompre les communications des occupants entre Athènes et le nord. Cependant, la rupture intervient très vite, pour des problèmes politiques et organisationnels.

Pendant ce temps, la guerre tourne au désavantage de l'Axe. La constitution des bandes du colonel Grivas, composées de collaborateurs faisant la chasse aux partisans, peut être comptée parmi les premiers soubresauts de la guerre civile.

En 1944, en pleine occupation nazie, l'EAM se constitue en Comité de libération nationale et organise des élections libres, pour un gouvernement national, qui voient voter plus d'un

51 EN HAUT
Une escadrille aérienne survole les troupes d'élite engagées dans la bataille de Crète. Avec l'arrivée des parachutistes allemands et la résistance de l'armée grecque, combattant pour les points névralgiques de l'île, le « bras de fer » pour le contrôle de la Méditerranée orientale atteint sa phase cruciale.

51 EN BAS
Le drapeau nazi flotte sur le Parthénon tout juste conquis. Quelques mois plus tard, la résistance réussira à décrocher le drapeau, cette action ayant évidemment valeur de symbole. L'auteur du coup, le jeune Manolis Glezo sera arrêté, torturé et déporté.

million de Grecs au nez et à la barbe des Allemands. En mai, les Alliés confient au libéral Gheórghios Papandhréou, ancien ministre du gouvernement grec d'avant le coup d'état de Metaxás, la charge de former un gouvernement d'union nationale devant se substituer à celui du Caire. Lors de la conférence qui se tient au Liban, Papandhréou obtient l'accord du parti communiste qui accepte aussi la position internationale de la Grèce dans l'Alliance atlantique. Du reste, les communistes connaissent fort bien les accords de Yalta dans lesquels Staline renonce à englober la Grèce dans le bloc oriental, en échange de la Roumanie. En même temps, ils prennent leurs distances avec l'armée de partisans des montagnes. En octobre 1944, les Allemands quittent la péninsule et, peu de jours après, le général anglais Scobie fait son entrée dans la capitale, ce qui ne signifie pas l'avènement de la paix. Le gouvernement provisoire est divisé et indécis et le parti communiste tente d'élargir son influence. À Athènes, le 3 décembre, la police ouvre le feu sur une manifestation de gauche, des barricades s'élèvent dans les quartiers populaires et les mortiers anglais bombardent la ville de l'extérieur. La bataille d'Athènes est un véritable siège qui se termine après sept semaines de combat maison par maison. En février 1945, à la conférence de paix, l'ELAS accepte de déposer les armes et le gouvernement organise les élections, remportées par le parti populiste qui organise ensuite un plébiscite pour le retour du roi Georges II sur le trône : le « oui » remporte 69 % des suffrages. Toutefois, la guerre civile n'est pas terminée, surtout dans les campagnes. Les escadrons de la mort de la droite mettent à prix la tête des dirigeants communistes, alors que les hommes de l'EAM-ELAS tiennent toujours des villes et des zones de montagne. La fracture interne menace non seulement le pays, mais aussi le parti communiste car Moscou donne l'ordre de déposer les armes. Le journal

52 EN HAUT
En octobre 1944, les troupes allemandes quittent la Grèce. Ce document montre la joie et la liesse populaires dans la ville de Xylócastro, qui accueille les soldats de l'armée britannique.

52 EN BAS
Cette photographie montre un aspect étonnant de la guerre puisqu'il s'agit d'un groupe de partisans antinazis allemands, combattant dans les rangs de l'armée procommuniste grecque, l'EAM-ELAS.

53 EN HAUT
Les troupes qui ont participé à la répression de la guérilla communiste défilent sous l'Acropole d'Athènes, à la fin de la guerre civile.

53 EN BAS
Gheórghios Papandhréou, artisan des accords du Liban, est photographié à sa sortie du palais royal, après avoir prêté serment devant le roi Paul Ier.

du parti publie les directives en première page : « ni pain ni asile pour Veloukhiotís », qui combat toujours dans les montagnes. Assiégé avec quelques compagnons dans un moulin, ce dernier est assassiné par un groupe de « chasseurs de têtes » qui exposent la sienne, le lendemain, sur la place de Lamía.

L'ultime foyer de guerre civile s'éteint sur le mont Grámmos et les Anglais bombardent les derniers groupes de résistants retranchés près de la frontière albanaise. À cette occasion, le napalm est utilisé pour la première fois en Grèce. Ensuite survient l'exode des militants, et l'on estime que près de cent mille personnes, communistes, socialistes et partisans non organisés franchissent la frontière des pays communistes voisins, où ne les attend pas un accueil triomphal, mais le triste sort réservé à ceux qui ont désobéi aux ordres. Sur les îles grecques les plus isolées, des camps de concentration sont ouverts pour les militants de gauche, mais aussi pour les démocrates.

54-55 En 1964, le roi Paul Ier meurt, laissant le trône à son fils Constantin II. Malgré les manifestations de sympathie qu'il enregistre ici à son retour des jeux Olympiques de Rome, où il a obtenu une médaille d'or, le nouveau roi, trop mondain et trop engagé dans la jet-set internationale, ne sera jamais aimé du peuple grec.

54 EN BAS *Gheórghios Papadhópoulos, ancien combattant contre l'occupant allemand et italien et contre les partisans communistes dans la guerre civile de 1946-1949, à la faveur du coup d'état de 1967, assume les charges de Premier ministre et de ministre de la Défense, et oblige le roi à quitter le pays.*

À Athènes, entre 1945 et 1952, alternent des gouvernements dont la durée moyenne est de cent cinquante jours. La « solution » est l'énième « homme fort » du pays, le général Papághos, qui s'est fait un nom en combattant les Italiens et les communistes. Mais son gouvernement ne tient que quelques mois. Il est remplacé par une série de gouvernements de droite avec comme dirigeants, entre autres, Karamanlís, leader conservateur, et le vieux Papandhréou. À la mort de Paul Ier, en 1964, son fils Constantin II lui succède sur le trône ; ce dernier s'oppose fortement à Papandhréou, notamment sur la direction des forces armées. En 1967, à la veille d'une campagne électorale pour laquelle la gauche était favorite, un groupe de colonels prend le pouvoir. Le nouveau régime interdit les élections et rouvre la chasse aux communistes, qu'il envoie

55 À GAUCHE
Le général Papághos, combattant de la guerre civile, aspire à devenir l'homme fort des gouvernements qui succèdent à Papandhréou. Il réussit, en 1952, à remporter les élections avec l'aide manifeste de l'ambassade américaine.

dans des camps de concentration, jamais fermés depuis la guerre civile. Des milliers de personnes sont incarcérés et la torture est couramment pratiquée. La junte est dirigée par le colonel Papadhópoulos. La monarchie, dans un premier temps favorable aux colonels, tente en décembre un contre coup d'état – qui échoue. Constantin II prend alors la route de l'exil. En 1968, les funérailles de Gheórghios Papandhréou sont l'occasion d'une gigantesque manifestation de rue : par milliers, les Athéniens défient le régime militaire. Cependant, la junte tient. Après des années noires marquées par les arrestations d'opposants, l'interdiction des partis politiques et des syndicats indépendants, le contrôle policier, la censure, l'obligation faite aux enfants des écoles de parler et d'écrire une langue « classique » inventée au XIXe siècle pour faire renaître la Grèce de Périclès, c'est seulement en 1973 que l'opposition retourne dans la rue avec l'occupation, par les étudiants, de l'École polytechnique. Entre temps se produisent des protestations isolées, comme les attentats à la bombe contre les statues des dictateurs du siècle précédent et, surtout, la tentative d'assassinat perpétrée contre Papadhópoulos par un jeune officier, Alexandró Panagoulis, dont l'emprisonnement, la condamnation à mort (commuée) et les continuelles tortures qui lui ont été infligées ont secoué l'opinion publique grecque et mondiale.

La révolte de l'École polytechnique et la répression féroce de l'armée, jusque dans les rues de la ville, ont porté un coup décisif au régime des colonels, mais sans que soit restaurée la démocratie. Fin novembre 1973, Papadhópoulos est déposé par le général Ghizíkis, lui-même chef d'une junte militaire. Quelques mois après, en juillet 1974, celle-ci tente d'annexer Chypre à la Grèce en renversant le régime indépendant de l'archevêque Makários. La Turquie réagit en envoyant son armée et en annexant une moitié de l'île.

55 À DROITE EN HAUT
En juillet 1965, la police charge les manifestants lors d'un rassemblement en faveur du président du Conseil, Gheórghios Papandhréou, en conflit avec le roi Constantin II et qui finira par être limogé la même année.

55 À DROITE EN BAS
Les accusés du procès qui met fin à la longue dictature des colonels sont assis à droite, en face du jury qui va les condamner à mort. Papadhópoulos (le premier à gauche, à côté du policier) verra, comme les autres, sa sentence commuée en détention à perpétuité. Il meurt vingt-cinq ans plus tard en juin 1999.

56-57 Le parti de la Démocratie Nouvelle descend dans la rue à l'occasion des élections anticipées de juin 1985, qui voient un net succès de la formation dirigée par Mitzotákis.

56 EN BAS À GAUCHE
Konstandínos Karamanlís, chef de file de la droite, devient Premier ministre en 1955, succédant au maréchal Papághos. Après la longue parenthèse de la dictature du régime des colonels, il revient aux affaires en 1974, à la tête de son parti, la Démocratie Nouvelle, et il assure deux mandats de président de la République, jusqu'en 1995.

56 EN BAS À DROITE
Ici avec son épouse à l'occasion de la Pâques grecque, en 1990, Konstandínos Mitzotákis va devenir, la même année, Premier ministre de Grèce, et va le rester trois ans. Entré en politique en 1946, il adhère au parti de Karamanlís et en devient secrétaire général en 1984.

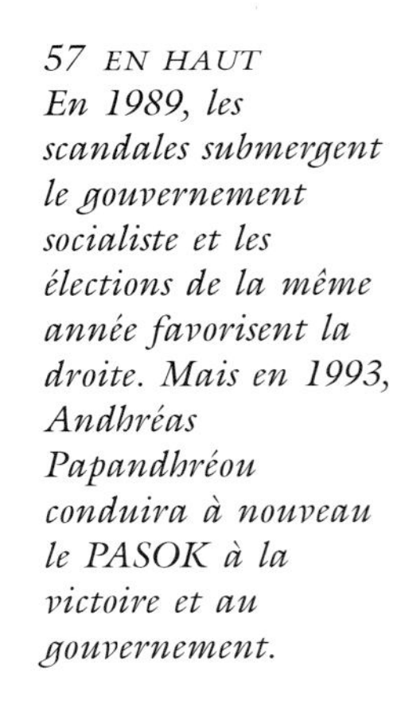

57 EN HAUT
En 1989, les scandales submergent le gouvernement socialiste et les élections de la même année favorisent la droite. Mais en 1993, Andhréas Papandhréou conduira à nouveau le PASOK à la victoire et au gouvernement.

La junte de Ghizíkis s'effondre le 23 juillet 1974. Une heure après l'annonce de la fin du régime des colonels, la population d'Athènes descend en masse dans la rue. La transition est assurée par le vieux leader de la droite Konstandínos Karamanlís. En décembre, un référendum abolit la monarchie et contraint le roi Constantin à l'exil. Parmi les hommes politiques de retour à Athènes, le fils de Gheórghios Papandhréou, Andhréas, qui, après avoir dirigé le PAK, mouvement de résistance aux colonels de la gauche non communiste, fonde le PASOK, Mouvement Socialiste Panhellénique. La droite, sous la direction de Karamanlís, se regroupe dans le parti de la Démocratie Nouvelle, alors que le centre se re-

57 AU CENTRE
Les partisans du PASOK vont enregistrer une série de défaites électorales en 1985, 1986 et 1989, au profit de la droite et de son parti de la Démocratie Nouvelle, qui dirige le pays. Ils pourront ressortir leurs drapeaux en 1993, avec la dernière victoire d'Andhréas Papandhréou, avant que celui-ci ne cède les rênes du pouvoir à Kostas Simitis.

57 EN BAS
Kostas Simitis, leader actuel du PASOK, a repris la lourde tâche, laissée par Andhréas Papandhréou en 1996, de maintenir la Grèce sur une voie démocratique, de l'intégrer à l'Union européenne, et de conforter un pays qui a traversé des expériences douloureuses.

trouve sous la bannière de l'Union du Centre. Ces partis vont alterner au pouvoir durant ces années de démocratie. Le gouvernement Karamanlís organise le référendum qui fait définitivement de la Grèce une république et solde les comptes, sans traumatisme, avec la dictature en condamnant les trois colonels (dont Papadhópoulos) à mort, mais sans exécuter la sentence. En 1981, les élections portent au pouvoir le PASOK d'Andhréas Papandhréou, qui forme le premier gouvernement de gauche de l'histoire de la Grèce. Le leader socialiste charismatique mène une politique de réforme de la machine administrative, en fort mauvais état et, à l'extérieur, s'oppose durement aux États-Unis qui ont toujours considéré la Turquie comme un allié plus stable et plus fidèle. Mais, différents scandales financiers, en particulier celui de la Banque de Grèce, secouent son gouvernement. Lors des élections de 1989, le PASOK est battu par le parti de la Démocratie Nouvelle et le gouvernement Mitzotákis va durer plusieurs années. Andhréas Papandhréou revient aux affaires en 1993 ; il reste chef du gouvernement jusqu'en 1995, et dirige le PASOK jusqu'à sa mort, en juin 1996. Son successeur, Kostas Simitis, jeune économiste formé au sein du gouvernement socialiste, inaugure une politique plus modérée et tournée vers l'Europe. Cependant, dans le cadre de l'unification monétaire, la Grèce est loin d'être le meilleur élève, étant donné sa situation économique et financière encore instable. Mais ce dernier quart de siècle a été pour le pays une période de paix inédite, malgré la difficulté des rapports avec la Turquie dont la cause est, encore et toujours, la question de Chypre. Toutefois, cette période représente pour la Grèce une accalmie inespérée, étant donné le caractère plus qu'agité de son histoire moderne.

ATHÈNES, MARBRE BLANC AU CŒUR DE L'ATTIQUE

58 EN HAUT
La place Sindagma est le cœur politique et économique de la capitale. Autour de ce vaste quadrilatère, se trouvent les sièges des grandes compagnies aériennes et des principales entreprises, ainsi que les ambassades. La vie y est très animée aux bars et aux terrasses des cafés.

58 AU CENTRE
L'Académie, de style néoclassique, est l'un des monuments de la ville qui rappellent l'âge d'or de la Grèce et qui furent construits au XIXe siècle, après la proclamation d'Athènes comme capitale. Les meilleurs architectes de l'époque en ont dessiné les plans sur le modèle de Paris.

58 EN BAS
L'evzone qui monte la garde au pied du monument élevé au Soldat inconnu, est vêtu du costume traditionnel de la Grèce: fustanelle blanche, boléro noir brodé, manches évasées et chéchia, avec un gros pompon à la pointe de ses chaussures.

58-59 Près d'un tiers de la population grecque vit dans l'agglomération que forment Athènes et son port, Le Pirée. La ville s'étend depuis les pentes du mont Parnasse jusqu'à la mer, sur une vaste plaine. En revanche, la cité antique se trouve entre les collines de l'Acropole et du Lycabette.

59 EN HAUT À GAUCHE
Le Pirée, principal port grec et l'un des plus grands de la Méditerranée, comprend une série de petites criques utilisées comme ports de plaisance. La ville est le théâtre d'une vie nocturne très animée.

59 EN HAUT À DROITE
Le siège du Parlement se trouve dans l'ancien palais royal, sur la place Sindagma. Ici ont eu lieu des événements politiques importants, depuis la manifestation de masse contre l'occupant, en 1943, jusqu'aux meetings électoraux de l'actuelle démocratie.

Entre les montagnes de l'Attique et le golfe Saronique, Athènes s'étend sur une vaste plaine qui, il y a encore un siècle, présentait un visage bien différent. Elle était alors plantée d'oliviers et, sur les pentes des collines avoisinantes, aujourd'hui urbanisées, se trouvaient les carrières de marbre pentélique blanc, qui a été utilisé pour construire les monuments de l'Acropole et, vingt siècles plus tard, les frises des palais du XIXe siècle. Athènes est une grande capitale moderne, dont l'extension est partie d'une petite zone comprise entre les collines douces où se trouvent le Parthénon et le Lycabette, les deux points les plus élevés du cœur de la ville.

Le développement urbain s'est fait par vagues successives. La première phase, bien contrôlée du point de vue architectural, a donné des quartiers aux larges voies, inspirées des boulevards parisiens. La seconde, liée à l'immigration des Grecs d'Asie mineure et à la croissance démographique du pays, a généré des quartiers plus anarchiques, reliés au centre par de véritables autoroutes. Aujourd'hui, en survolant Athènes, on a l'impression d'une ville sans limites, d'un océan de bâtiments et de constructions d'où émergent le Parthénon et le Lycabette. On y distingue une seule tache de couleur: l'île de verdure que sont les jardins royaux. Un tiers de la population grecque, c'est-à-dire trois millions et demi de personnes, vivent dans la zone d'Athènes et de son port, Le Pirée, au sein d'une agglomération qui a toutes les

60 EN HAUT
Cette statue d'Athéna est l'une des nombreuses copies de l'œuvre attribuée à Phidias, qui se trouvait à l'origine à l'intérieur du Parthénon. Cette reproduction montre la déesse dans toute sa puissance, avec une emphase qui semble presque baroque.

60 EN BAS
C'est ici l'entrée triomphale de l'Acropole d'Athènes, avec la porte Beulé, les Propylées et le temple d'Athéna Niké, la déesse de l'Attique conquérante. La visite de ce haut lieu de l'architecture et de l'archéologie justifie à elle seule un voyage en Grèce.

60-61 Le Parthénon est la matérialisation d'un rêve politique : après la victoire sur les Perses, Périclès voulait unifier les cités grecques sous la direction d'Athènes. Le temple, qui symbolisait la volonté d'affirmer la primauté de la démocratie athénienne, était visible de toutes les parties de la cité.

61 EN HAUT
L'Érechthéion, avec ses très célèbres « caryatides », est l'œuvre d'Alkamenes, un des élèves de Phidias. Il est dédié aux héros fondateurs de la cité. On reconnaît à ce monument une grâce inimitable, d'inspiration ionienne, qui contraste avec les colonnes doriques sévères du Parthénon voisin.

caractéristiques d'une mégalopole. Mais celle-ci est toutefois plus chaotique que ses homologues des grands pays d'Europe, avec ses centres multiples, ses liaisons difficiles et son trafic intense : la moitié de la capacité industrielle du pays y est concentrée. Toutefois, Athènes fascine toujours. Évidemment, l'image qu'elle donne est bien différente de celle qu'elle offrait du temps de Périclès et de Phidias et même, pourquoi pas, d'Athéna, puissante et capricieuse déesse protectrice de la cité. Mais cette ville mérite d'être aimée dans sa totalité et telle qu'elle est. On y prend le temps d'être ensemble, de se retrouver, de parler et d'échanger des idées avec passion. C'est une véritable mosaïque, faite de beaucoup de communautés différentes. Dans les quartiers, les Athéniens se connaissent et sont solidaires, car la structure villageoise et régionale traditionnelle des anciens paysans est toujours vivante au cœur de la ville, et que la maison reste encore le centre des familles quand elles s'agrandissent. Cette solidarité campagnarde qui reste perceptible, avec ses bons côtés et ses défauts, distingue en tout cas Athènes des autres grandes villes d'Europe. La vie sociale y est intense et les cafés du centre – puisqu'en Grèce, c'est dans les cafés que l'on se rencontre et que l'on vit pour une large part – offrent près de quatre cent mille sièges aux Athéniens. Le véritable centre historique de la cité est en fait minuscule et limité à la petite colline de l'Acropole, autour du Parthénon, et au quartier typique de Pláka qui, depuis longtemps, est avant tout

62 EN HAUT À GAUCHE L'Odéon d'Hérode Atticus, au pied de l'Acropole, est un monument de l'époque romaine remarquablement conservé. En été, avec ses 5 000 places, c'est un haut lieu de théâtre, de danse et de musique en plein air, fréquenté par les Athéniens et les touristes.

62 EN HAUT À DROITE Comparé à l'Odéon romain, le théâtre classique grec montre des différences assez importantes, en particulier l'ouverture de la scène et la plus grande largeur des degrés sur lesquels s'asseyaient les spectateurs. Il s'agit ici du théâtre de Dionysos qui se trouve, lui aussi, au pied de l'Acropole.

62-63 La Tour des Vents, qui se dressait sur l'Agora romaine, est bien connue pour son horloge hydraulique datant du Ier siècle av. J.-C. Sur les huit faces du bâtiment, orientées d'après la rose des vents, sont sculptés en bas-relief huit personnages ailés représentant les vents dominants de la ville.

63 EN HAUT
La stoa d'Attale, sur l'Agora, a été entièrement reconstruite. À l'intérieur se trouve un musée abritant le produit des fouilles américaines effectuées sur la zone, notamment l'Apollon Patroos (IVe siècle av. J.-C).

63 AU CENTRE
Le temple de Zeus Olympien, l'Olympieion, est un gage de reconnaissance envers la culture et la civilisation helléniques, de la part d'Hadrien, l'empereur philosophe, tellement redevable à la Grèce.

63 EN BAS
Des morceaux de colonnes et de chapiteaux d'ordres variés, qui n'ont pas trouvé place dans les musées, parsèment toute l'Acropole, offrant en quelque sorte au visiteur un échantillonnage archéologique à hauteur d'homme.

un marché pour touristes mais qui est aussi, actuellement, en cours de réhabilitation architecturale et urbaine. À partir du début du XXe siècle, autour de ce noyau, s'est développé un centre moderne, conçu par des architectes qui avaient l'ambition d'imiter les grandes capitales occidentales et notamment Paris, qui a inspiré les grandes artères, dont Stadiou et Panépistimiou, reliant les deux grandes places Síndagma et Omónia et formant un carré vers le nord, au-delà du Lycabette. Sur ces larges voies s'élèvent des édifices néoclassiques et modernes qui abritent beaucoup d'institutions importantes. C'est le cas de l'immense Musée archéologique national, un des plus riches du monde par ses collections, et de l'École polytechnique qui fut le théâtre d'une révolte contre le régime des colonels en 1973. On y trouve aussi l'Académie et la Bibliothèque nationale, sur l'avenue Venizélos, et l'ambassade américaine, construite par l'architecte Frank Lloyd Wright. Tous ces bâtiments de l'Athènes moderne, sont caractéristiques des quartiers riches et résidentiels de Kolonáki, au pied de la colline du Lycabette.
Pour pénétrer au cœur de la ville, la meilleure voie est sans doute la vaste place Síndagma ; de forme carrée, elle accueille traditionnellement les manifestations politiques importantes. Elle est entourée des grands édifices néoclassiques du Parlement grec, l'ancien Vieux Palais. À son pied, et plusieurs fois par jours, on peut assister à la relève de la garde des evzones, avec leur

64 À GAUCHE
La stèle funéraire d'Aristion, érigée en 510 av. J.-C., est devenue, dans l'imaginaire populaire, le symbole de la victoire de Marathon, remportée par les maigres troupes athéniennes sur la puissante armée perse. Elle est l'œuvre du sculpteur Aristoclès.

64 À DROITE
Les formes parfaites du kouros (jeune homme) d'Anavyssos témoignent d'un art très différent de l'œuvre précédente. Il s'agit d'une statue ionienne qui remonte au VIe siècle av. J.-C., c'est-à-dire à l'époque archaïque.

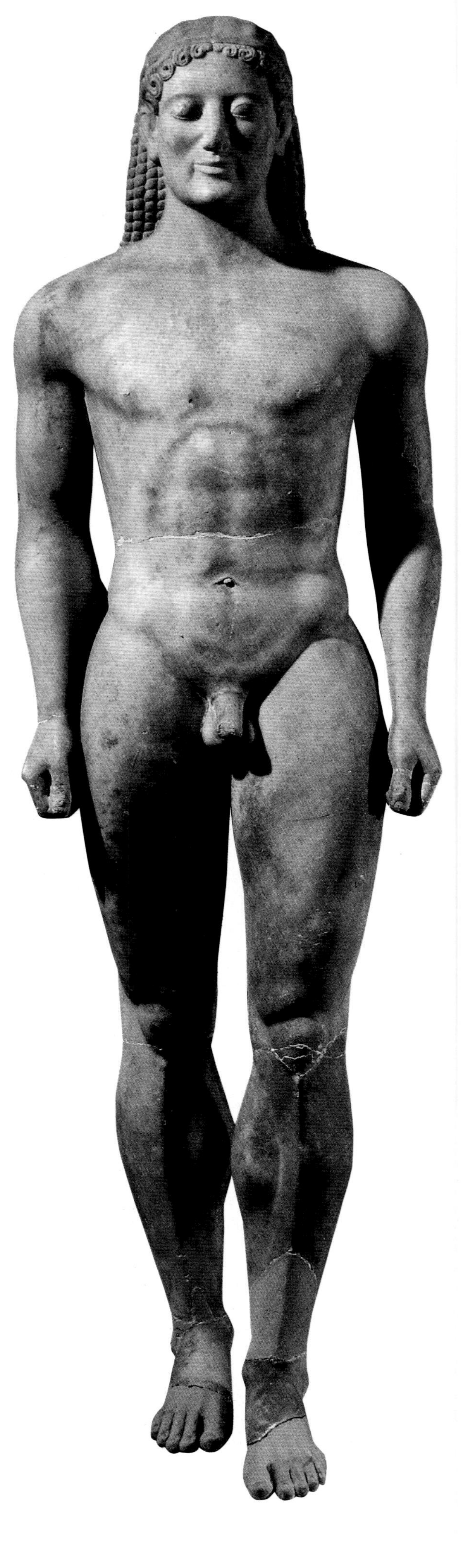

costume traditionnel à fustanelle blanche, boléro noir brodé, chéchia, manches évasées et socques à pompons. La place Síndagma compte aussi l'hôtel de Grande-Bretagne qui conserve son atmosphère de roman d'espionnage – il fut, en effet, le quartier général allemand pendant la guerre –, et le King George, représenté par de nombreux peintres grecs du XIXe siècle.
À côté du Parlement se trouve le Jardin national (Ethnikós Kípos), oasis de verdure au cœur de la ville. Il comprend un petit palais d'exposition datant du XIXe siècle, le Zappeion, des gymnases et des terrains de sport. L'été, quand il fait chaud, les Athéniens viennent s'y rafraîchir à la terrasse des cafés. On y rencontre même des paons, qui se promènent librement entre les plantes rares de ce jardin botanique. Au-delà, après l'avenue Vasilis Olgas, on parvient à la porte d'Hadrien, datant de l'époque romaine, et l'antique Olympieion – le plus grand sanctuaire de Grèce, dédié à Zeus –, commencé au VIe siècle av. J.-C. et achevé beaucoup plus tard par le même Hadrien au IIe siècle apr. J.-C. Ensuite, en suivant l'avenue Aeropaghitou, on atteint le versant sud de l'Acropole, dominée par la masse du Parthénon. À la base du plus célèbre rocher de l'Antiquité, se trouvent l'antique théâtre de Dionysos et l'Odéon d'Hérode Atticus ; ce dernier, édifié à l'époque romaine, est très fréquenté en été par les Athéniens, car on y monte des tragédies classiques, des ballets et des danses traditionnelles.

Toujours en partant de l'avenue Aeropaghitou, on emprunte la rue pavée qui conduit à la porte de l'Acropole. Au sommet de ce rocher, sur ses trois hectares de sol rocheux et calcaire, sont regroupés quelques-uns des monuments les plus importants pour l'art, la philosophie et l'histoire de l'Occident. On accède à l'Acropole par la porte Beulé, qui date de la fin de l'époque romaine. Ensuite, le chemin monte jusqu'au petit temple d'Athéna Nikê, déesse de la Victoire, placé en saillie à droite des Propylées, l'entrée monumentale de l'Acropole qui débouche sur la Voie sacrée conduisant au Parthénon, chef-d'œuvre de Phidias, qui témoigne aussi du génie politique de Périclès. Au nord de ce temple par excellence se dresse l'Érechthéion, avec ses six caryatides célèbres dans le monde entier, qui supportent depuis vingt-cinq siècles les fresques ioniennes de l'édifice. De là,

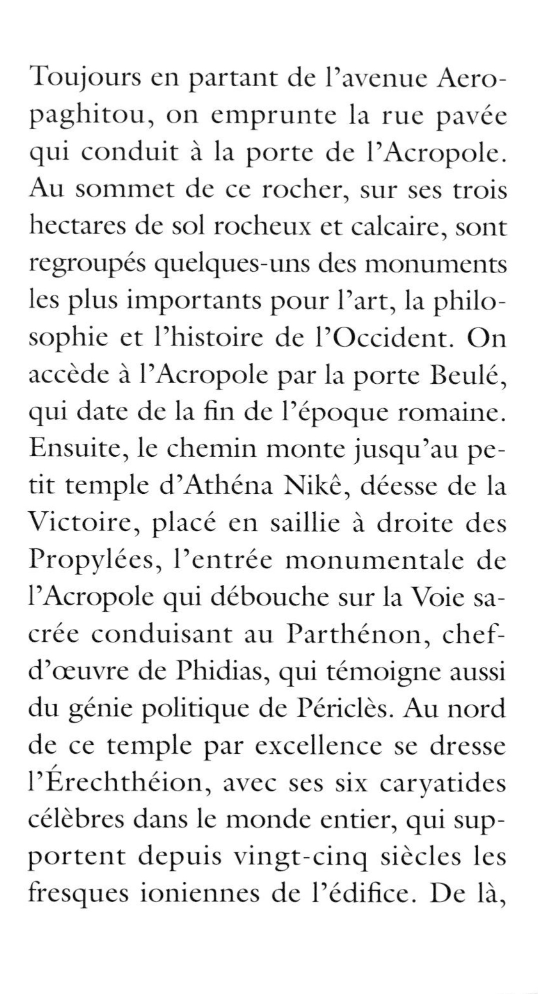

65 À GAUCHE
Le Moschophore, c'est-à-dire le « porteur de veau », est l'une des sculptures les plus admirées pour la fluidité et la vivacité du geste. Il s'agit pourtant d'une œuvre de la pleine période archaïque, qui remonte à 570 av. J.-C.

65 À DROITE
Il semble que l'eau ruisselle en mille rigoles sur la chevelure et le corsage de la korê (jeune fille) archaïque, qui tient dans la main une pomme. L'œuvre est conservée au musée de l'Acropole, très réputé notamment pour sa collection d'antiques jeunes filles de pierre.

temple construit en marbre pentélique par l'architecte Ictinos et décoré par Phidias, le plus grand artiste de l'époque. C'est un véritable chef-d'œuvre d'équilibre, entouré de quarante-six colonnes doriques, n'ayant pas toutes la même hauteur et qui sont légèrement convexes vers le centre, afin de corriger l'illusion d'optique qui, sinon, les ferait paraître plus minces à mi-hauteur. Jusqu'en 1801, le visiteur voyait à leur place d'origine le fronton et les métopes, autrefois peints en bleu, rouge, vert et jaune. Ensuite, après l'intervention de lord Elgin, ambassadeur britannique auprès de la Sublime Porte et archéologue à ses heures, le même promeneur romantique pouvait admirer les œuvres de Phidias à Londres, dans les salles du British Museum. La pensée nationaliste grecque a vu dans Athènes

66 EN HAUT
À GAUCHE
Les jeunes lutteurs, peints sur les murs des maisons nobles de l'acropole de Santorin, montrent la force du réalisme qui est à la base de l'inspiration de l'art cycladique, très proche de celui de la Crète.

66 EN BAS
À DROITE
Le « pêcheur » qui figure sur une fresque du mur d'une maison d'Akrotiri, dans l'île de Santorin, est conservé au Musée national d'archéologie. Il s'agit d'une des pièces les plus belles et les mieux conservées de la peinture murale du XVIe siècle av. J.-C.

le visiteur découvre toute la ville – du moins quand il fait beau – jusqu'au Pirée et à l'île de Salamína.

L'Acropole n'a pas toujours été isolée du reste de la ville. Au siècle dernier, le Parthénon était entouré d'échoppes et servait de mosquée aux multiples minarets, après avoir été une église chrétienne, de culte byzantin du VIe au XIIIe siècle, puis catholique sous la domination franque. Le plafond du temple, qui avait été transformé en poudrerie par les Turcs, a sauté en 1867, sous les coups de canon des Vénitiens. Sur les pentes de la colline, le petit quartier de Pláka, comprenait tout ce dont la ville avait besoin : un bazar bien achalandé, les maisons des marchands, une auberge pour les émissaires du gouvernement turc et les quelques Anglais en pèlerinage sur ces ruines de l'Antiquité. Que cherchaient ces voyageurs romantiques dans cet encombrement de boutiques ? Ils admiraient le produit de la volonté de Périclès, le

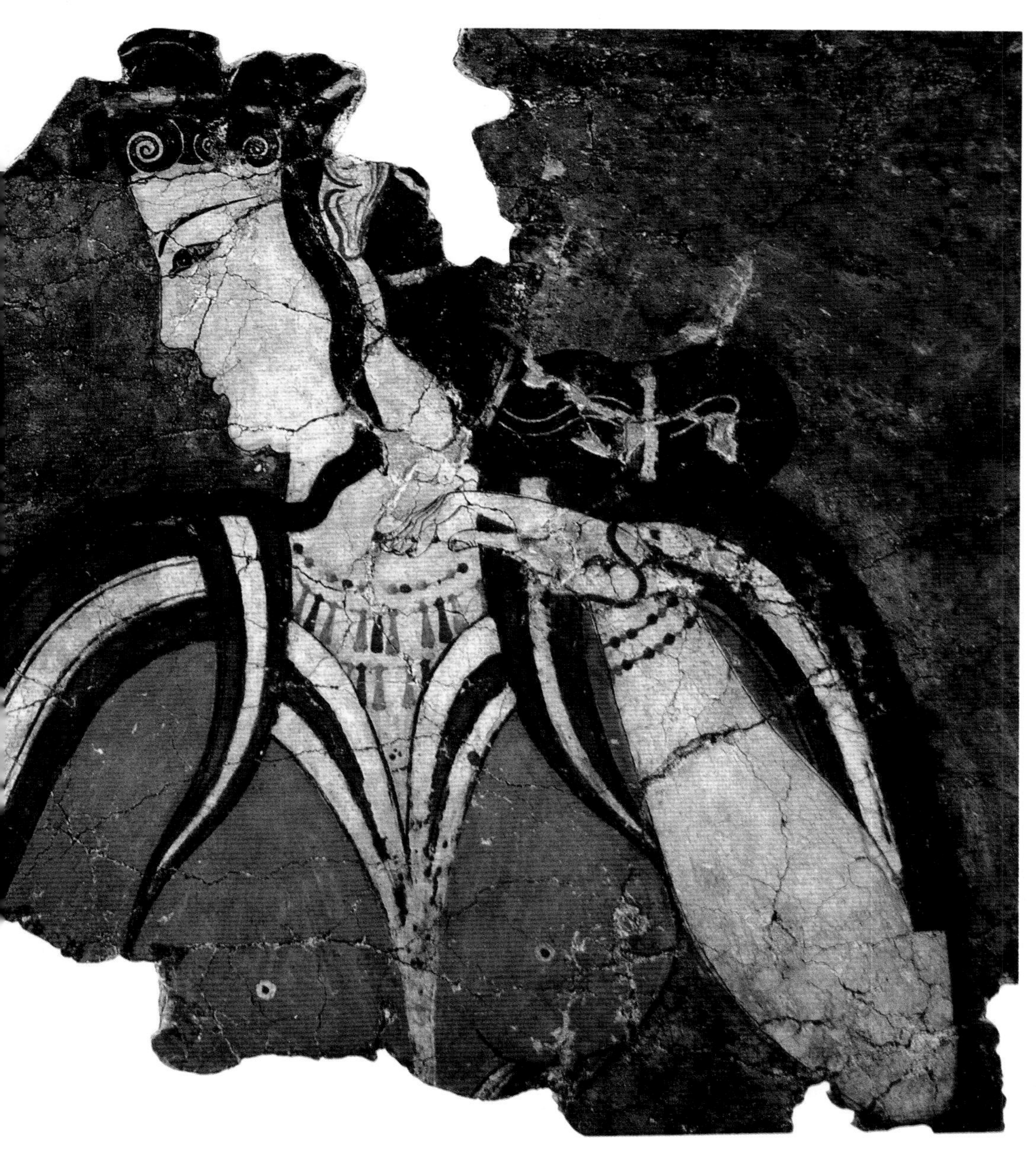

66-67
La « Parisienne », puisqu'on la connaît sous ce nom, témoigne du raffinement des dames et de la cour de Crète. Elle doit son surnom à l'élégance de sa toilette et de ses gestes, dans une île où les femmes jouissaient d'une importance et d'une liberté réelles, surtout par rapport à ce qui sera leur lot dans la Grèce classique.

le symbole de la splendeur antique : avec la restauration de l'État grec et l'arrivée du nouveau roi, la capitale a retrouvé le rôle qu'elle avait sous Périclès et l'Acropole a été débarrassée de ses échoppes et de ses minarets. En outre, l'agrandissement de la ville dans la plaine, en vue d'accueillir les milliers de Grecs exilés, a été conçu sous les auspices des meilleurs urbanistes européens du XIXe et du début du XXe siècle. Aujourd'hui, la ville nouvelle s'étend au pied de la colline de l'Acropole, sous les yeux de la foule continuelle des visiteurs.
En descendant de l'Acropole, celui qui n'a aucune envie de revenir au monde contemporain peut rester dans la Grèce antique sur la colline de l'Aréopage, consacrée à Arès, où se trouvaient le Sénat et la Cour suprême de justice avant l'époque classique. Il suffit de traverser l'avenue Apostolou Pavlou pour passer sur la colline des Muses et sur la Pnyx, butte artificielle sur laquelle se tenait l'assemblée des citoyens libres d'Athènes. Continuant vers le nord, le visiteur arrive à l'Agora – haut lieu de commerce et d'échanges de l'Athènes antique –, où se trouvaient le Parlement, les portiques sous lesquels on discutait des prix aussi bien que de politique, le gymnase, les monuments et les statues dédiés aux héros mythiques qui, tel l'Athénien Thésée, constituaient le « ciment » culturel et religieux de la cité de l'Attique. Autour de l'Agora antique s'est développée la place moderne Monastiráki, la partie la plus authentiquement athénienne de Pláka : dans ce vieux quartier coexistent pacifiquement, malgré une forte concurrence, des centaines de boutiques de brocanteurs et d'antiquaires qui animent les ruelles du « souk » d'Athènes. Il y a aussi, bien sûr, les cafés et les fast-foods, les auberges et les restaurants à petits prix où se retrouve la foule des Athéniens et des touristes.
Sur la place Monastiráki, à côté de la gare où l'on prend le train pour Le Pirée, se trouve la Pandánassa, un vieux sanctuaire, reconstruit au XVIIe siècle sur des vestiges plus anciens, qui dépendait du monastère de femmes qui a donné son nom à la place. Pas très loin de là, sur la place Mitropoléos, la Petite Métropole est une très belle église byzantine du XIIe siècle, aux dimensions réduites. Les églises athéniennes ne sont en effet jamais très grandes, ce qui laisse penser que l'archevêque d'Athènes ne jouait pas un rôle de premier plan dans l'Église orthodoxe. Et il est vrai que le primat d'Istanbul avait davantage de prestige, au moins spirituel puisque l'orthodoxie n'a pas la hiérarchie centralisée de l'Église catholique. Quant à la Grande Métropole, c'est-à-dire la cathédrale, c'est une construction moderne coincée entre le quartier de Pláka et la place Síndagma, alors que l'ancienne église de Kapnikaréa, bâtie au XIe siècle, puis agrandie au XIIe siècle, est une petite construction appartenant à l'université d'Athènes, située au milieu de la rue Ermou qui conduit de la place Síndagma au Pláka. Si les églises avaient de petites dimensions, c'était – pense-t-on – pour ne pas faire d'ombrage aux mosquées, aux temps lointains de la domination ottomane. Le meilleur exemple en est la minus-

cule église d'Agía Dynamis, encastrée sous les colonnes modernes du ministère de l'Éducation, elle aussi aux alentours de la cathédrale.
Au nord de la place Monastiráki s'étend le quartier commercial d'Omónia, la deuxième très grande place d'Athènes après celle de Síndagma, le centre d'affaires de la ville. Là se trouvent les sièges des partis politiques et des journaux ainsi qu'un grand marché couvert où l'on vient acheter le poisson le plus frais d'Athènes. Les boutiques y voisinent avec les vendeurs d'herbes des montagnes et les étals des échoppes de sorcellerie : on vient ici sous prétexte d'acheter un peu d'origan, de marjolaine ou de mastiká, la résine à mâcher qui parfume l'haleine, véritable ancêtre européen du chewing-gum, et l'on finit par dénicher la fabuleuse racine de mandragore. Au long des rues, toutes rigoureusement parallèles et perpendiculaires, se succèdent les architectures typiques des années 1960 qui sont le cadre d'une agitation fébrile : en effet, le quartier d'Omónia est le plus vivant du centre. C'est là qu'il faut venir pour aller au Musée archéologique, riche des trésors de l'art classique, cycladique et mycénien, une ville dans la ville où les visiteurs s'oublient des journées entières devant les fresques naturalistes de Santorin ou les immenses collections de vases attiques. De la place Omónia, trois grandes artères ramènent à Síndagma, Stadiou, Panepistimiou et Akadimias. Ce sont des avenues typiquement modernes où s'élèvent les palais néoclassiques de l'Académie et de la Bibliothèque nationale. Jusqu'à la Deuxième Guerre mondiale, la majorité des bâtiments du centre avait une architecture de style néogrec, avec le toit surmonté d'un acrotère, un ornement porte-bonheur en terre cuite rouge que l'on trouve aussi sur les temples antiques et que l'on voit aujourd'hui sur les marchés d'antiquités. Mais il ne subsiste pas grand-chose de ces tentatives visant à donner à Athènes un visage de grande capitale de la Grèce libre. Le quartier chic de Kolonáki, entre les rues Akadimias et les pentes du Lycabette, a été construit dans les années 1950 et 1960. Il ne reste, de la ville du XIXe siècle, que les faubourgs de Kastrí, Kessarianí et Kifissiá, au nord. Mais pour découvrir un des joyaux de l'art byzantin, il faut aller jusqu'au monastère de Dafní, à une trentaine de kilomètres du centre d'Athènes, sur la route d'Éleusis. C'est le monument byzantin majeur de la région, édifié sur l'emplacement du sanctuaire de l'Apollon Daphnéios. À l'intérieur, on peut voir de splendides mosaïques et la figure sévère du Christ Pantocrator. Les curiosités archéologiques et naturelles sont nombreuses aux alentours d'Athènes. À l'est, la route côtière qui suit les plages élégantes de Glifáda, Voúli et Vouliagméni mène, à moins de

68 Est-ce le visage de Poséidon ou celui de Zeus qui a été ainsi sculpté par un artiste anonyme du Ve siècle av. J.-C ? Les yeux, qui manquent, étaient probablement en pierre dure, ce qui donnait au personnage une réalité saisissante.

69 À GAUCHE L'Éphèbe en bronze, découvert à Anticythère, représente en quelque sorte une version « baroque » de l'art grec classique du IVe siècle av. J.-C. Selon une hypothèse assez crédible, il s'agit de Persée soulevant la tête fraîchement décapitée de la Méduse.

69 À DROITE Cette tête d'Hygie est probablement le fragment d'une œuvre de Scopas, proprement géniale et originale. La sculpture, qui date des débuts de l'époque hellénistique, est sans nul doute l'un des sommets de la période classique tardive.

70 EN HAUT À GAUCHE Le temple de Poséidon, au cap Soúnio, doit sa popularité non seulement au superbe paysage qui l'entoure, mais aussi à l'élégance de sa construction, avec ses fameuses colonnes au diamètre réduit, ce qui donne à ce sanctuaire un aspect élancé.

70 EN HAUT À DROITE Le théâtre de Delphes a été conçu pour que les spectateurs puissent suivre dans les meilleures conditions la partie « dramatique » des jeux en l'honneur de la Pythie. Outre la musique et les représentations théâtrales, les visiteurs suivaient des compétitions athlétiques dans le stade voisin.

70-71 Ce petit temple rond est une image bien connue de Delphes, où l'on célébrait Apollon et sa victoire sur l'antique divinité du lieu, Gaïa, la Terre. Il est original car le plan circulaire était rare dans la Grèce classique. Le « tholos » (nom donné aux bâtiments circulaires) remonte à l'époque mycénienne.

70 km, au cap Soúnio, dominé par le plus célèbre des temples dédiés à Poséidon, superbement situé au-dessus de la mer. Toujours en suivant le littoral, après avoir dépassé le vieux centre industriel de Lávrio, on découvre le site archéologique de Brauron, à 100 km de la capitale. Le temple local, dédié à Artémis, a été édifié afin d'amadouer la déesse qui, irritée par la mise à mort d'une ourse, avait envoyé une épidémie sur les habitants de l'Attique. Au nord-ouest d'Athènes, après avoir dépassé la région industrielle d'Éleusis, on découvre les restes des sanctuaires de Déméter et de Perséphone, lieu de culte des mystères d'Éleusis. Après 70 km, c'est Thèbes, dans la plaine agricole de la Béotie. La ville moderne et les environs ne conservent, du fameux roi Œdipe, que la renommée. Si vous passez rapidement dans la région, arrêtez-vous toutefois, au printemps, pour observer la floraison de la tulipe de Béotie, une espèce qui ne pousse que dans cet endroit. Allez voir aussi le monastère d'Óssios Loukás, en escaladant la montagne d'Elikónas, à 70 km de Thèbes en direction de Livadiá. La construction date du XIe siècle et présente, outre une belle fresque, un style architectural original basé sur les jeux de matériaux et de couleurs.

Il reste à peine une vingtaine de kilomètres pour atteindre Delphes. Suspendue aux pentes du mont Parnasse, avec la plaine sacrée couverte d'oliviers et la mer en toile de fond, la cité-sanctuaire est sans doute l'un des lieux les plus impressionnants et les plus représentatifs de la Grèce. Il faut y passer au moins une journée pour voir le sanctuaire d'Apollon, la Marmaria, la fontaine Castalie et tous les lieux où se retrouvaient les pèlerins venus recueillir les révélations de l'oracle. Les réponses de la prêtresse « possédée » d'Apollon, la Pythie, étaient souvent ambiguës et exigeaient des sacrifices d'animaux. Le sanctuaire a des origines très anciennes et on y venait de toute la Grèce : les grandes cités administraient en commun ce territoire dans une sorte d'assemblée, l'Amphictyonie, à laquelle elles envoyaient chacune deux délégués. Aujourd'hui comme hier, on pénètre dans Delphes par la Voie sacrée ; après avoir dépassé les ex-voto, avec les monuments offerts par les cités qui participaient au culte, on arrive au temple d'Apollon, égal du Parthénon par ses dimensions. Le Tholos, temple circulaire, apparemment très différent des autres monuments, est situé dans la zone de la Marmaria, dédiée à Athéna.

72 EN HAUT À GAUCHE Le remarquable théâtre du site archéologique de Dodóni offre une vue superbe sur les montagnes. S'il s'agit de vestiges archéologiques parmi les plus importants de la Grèce du Nord, les curieux qui se laissent tenter par l'oracle sont peu nombreux.

AU NORD, MONTAGNES D'AIR ET DE LUMIÈRE

Épire, Macédoine, Thessalie et Thrace sont les quatre régions de la Grèce du Nord. Elles sont relativement peu connues du tourisme international, avec leurs paysages de plaines et de montagnes qui ne correspondent pas à l'image d'Épinal d'un pays méditerranéen. Très souvent, les terroirs ont conservé leur caractère d'antan, résistant à l'essor urbain des années 1960. On y trouve un écosystème d'un grand intérêt : les forêts de pin des Balkans (désormais rares) alternent avec des parois rocheuses abruptes, des gorges profondes et de splendides reliefs montagneux, le tout formant des parcs protégés et constituant un habitat idéal pour l'ours. Lorsque l'on vient d'Europe et que l'on entre en Grèce par le nord, on arrive presque toujours par la ville d'Igoumenitsa, d'où il est possible de passer par l'intérieur ou de prendre la route de la côte épirote. Si l'on choisit cette seconde solution, le premier site intéressant, pour le paysage et l'archéologie, est le vieux village de Párga, où les ruelles partent du vieux château vénitien protégeant la baie, pour descendre jusqu'au port. Au sud de Párga, la route côtière conduit jusqu'aux gorges de l'Achéron, le fleuve mythique sur lequel Charon embarquait les âmes vers le royaume d'Hadès. Il faut remonter le cours d'eau pour aller jusqu'au Nekromanteion d'Efira, l'ancien sanctuaire consacré au culte des morts, édifié au IIIe siècle av. J.-C. et détruit par les Romains en 167 av. J.-C. Plus au sud encore, c'est le golfe d'Árta, devant le cap d'Áktio, où se sont rencontrées les flottes d'Antoine et d'Octave. Le souvenir de cette bataille d'Actium est présent également dans les ruines de Nikopolis, la « ville de la Victoire », fondée par le vainqueur, Octave. Avec son théâtre et son stade, c'est le plus grand site archéologique romain en terre grecque. Ensuite, on peut continuer par Filippiada ; en suivant la vallée de Luros, on prend la bifurcation pour Dodóni, un des lieux sacrés les plus anciens de l'Hellade, où était célébré le culte de l'oracle de Zeus. Le dieu donnait ses réponses par l'intermédiaire du bruissement du feuillage d'un chêne sacré. Ensuite, c'est Ioánina, capitale de l'Épire, l'une des villes les mieux conservées de la péninsule grecque ; les minarets de sa citadelle fortifiée, sur le lac, et les grands nids de cigognes, soulignent son caractère balkanique. La forteresse de pierre grise, les rues entrelacées et les échoppes des artisans qui travaillent l'argent contribuent encore à donner un aspect « slave » à la vieille ville. Et d'ailleurs, Ioánina n'est grecque que depuis 1913. De la mosquée Aslan Pacha, transformée en musée, on domine le lac de Pamvótis et on distingue même très bien l'île où se dresse le monastère d'Ágios Nikólaos. Ensuite, l'itinéraire habituel, par la Grèce septentrionale, continue en direction de Métsovo, capitale de la minorité valaque, d'origine roumaine, et des Météores. Au nord de Ioánina se trouvent certaines des contrées les plus singulières du pays et c'est pourquoi il faut suivre la route par

72 EN HAUT À DROITE Ioánina conserve intacte sa saveur orientale. Ici la forteresse d'Ali Pacha domine la citadelle. Au début du XIXe siècle, la puissance de ce dernier préoccupa le sultan de Constantinople qui envoya une expédition militaire. Après quinze mois de siège, Ioánina capitula et Ali Pacha fut exécuté.

72-73 Du château vénitien de Párga, sur la côte grecque occidentale, on découvre la superbe vue du port et de la baie. Au beau milieu, l'îlot, avec sa chapelle, est l'une des images symboles de cette partie du pays. La petite ville, entourée d'une mer d'oliviers séculaires, est l'un des lieux de séjour les plus agréables sur la mer Ionienne.

Konitsá. Quarante kilomètres au nord du chef-lieu, on entre dans le pays des Zagória, sur les pentes du massif du Pinde, un des endroits les mieux conservés de l'ancienne Grèce des montagnes. Une politique systématique de protection a permis de garder intacts les villages aux toits de pierres plates et aux ruelles étroites. Monodéndri, Papingo et Vítsa sont de petits bourgs dépourvus de monuments, mais qui offrent des paysages parmi les plus beaux d'Europe et une chaleur humaine très

74 EN HAUT
Au cœur des Météores, le village de Kastráki offre un point de vue privilégié sur cet incroyable ensemble où les œuvres humaines sont aussi spectaculaires que la nature. Ce petit bourg est le point de rencontre obligé des nombreux alpinistes qui ont pris l'habitude de s'attaquer aux parois rocheuses de la région.

74-75 On comprend, à ce spectacle, pourquoi on appelle ces édifices religieux les Météores, les monastères «suspendus dans les airs». Les moines n'ont pas seulement construit ces refuges pour des raisons de sécurité. À leurs yeux, ces éperons de roche tendre avaient la même signification spirituelle que les colonnes des stylites dans le désert.

75 La zone des Météores se trouve au pied des montagnes de Macédoine, à l'entrée de la grande plaine de Thessalie qui s'étend jusqu'à la mer. Avant la construction des monastères, vers l'an mil, ces «rochers» escarpés étaient des lieux d'ermitage.

attachante. Les gorges du Víkos, d'une profondeur atteignant 400 m, s'ouvrent dans le rocher de Monodéndri jusqu'au pied des deux villages de Papingo, le grand et le petit. Il est possible de faire l'excursion à pied, avec de bonnes chaussures pour ne pas risquer de glisser. À partir de Papingo, il faut aller jusqu'au mont Gamila, haut plateau karstique de roche noire et jaune qui évoque un paysage lunaire. Au-delà de Konitsá, la route passe près du mont Grámmos et de la frontière albanaise pour atteindre la cité macédonienne de Kastoriá, vieux bourg balkanique et capitale de la fourrure, qui est située sur le lac du même nom. Elle s'enorgueillit d'une série d'églises byzantines datant en grande partie du XIe siècle et de maisons-tours construites par les riches commerçants à partir du XVIIIe siècle et jusqu'au début du XXe siècle.

Près de 50 km plus au nord, aux confins de l'Albanie et de la Macédoine, se trouvent les deux lacs Préspa, séparés par un isthme, très sauvages et peuplés par une faune nombreuse. À partir du petit village de pêcheurs, on découvre le parc ornithologique fréquenté, à l'époque des migrations, par 177 espèces d'oiseaux. Ensuite, il faut retourner à Kastoriá et suivre à nouveau la route pour Konitsá d'où l'on prend, à la hauteur de Neapolis, la direction de Grevena, dans la partie orientale du massif du Pinde. De là, la route rejoint les Météores (Meteóra), haut lieu de la religion orthodoxe. Les monastères «suspendus dans les airs» sont nés d'un rêve du jeune moine Athanasios qui, il

y a plus de sept cents ans, eut la révélation du caractère mystique de ces monolithes se dressant au pied des montagnes, au bord de la plaine de Thessalie. Depuis le XIVe siècle, ces éperons de roche friable, aux parois vertigineuses, ont été fréquentés par les moines, en particulier à l'époque du déclin de Byzance, où ils devinrent le refuge de l'hellénisme et de l'orthodoxie. Ensuite, il faut suivre cent vingt kilomètres de bonne route en direction de Lárissa et prendre l'autoroute de la

77 *Avec ses 2 917 m, le Mítikas est le sommet le plus haut de l'Olympe, et par voie de conséquence, de toute la Grèce. Demeure privilégiée de la majorité des dieux grecs – les rebelles et les contestataires étaient promptement éloignés –, il représentait la plus grande hauteur connue pour les Anciens.*

76 EN HAUT
Le château franc des Platamónas, en Macédoine, domine une station balnéaire très fréquentée. L'éloignement des habitations et l'absence de végétation, sur ces hauteurs, soulignent le caractère imposant de cette architecture militaire. C'est l'un des vestiges les mieux conservés de la période médiévale.

76 EN BAS
Les ruines de la forteresse de Moglena sont l'un des sites de la période byzantine en Macédoine. Terre de frontière, la Grèce du Nord a subi, pendant des siècles, les invasions slaves. Pour sa défense, l'Empire byzantin avait édifié tout un réseau de châteaux fortifiés sur les lieux stratégiques.

côte vers Thessalonique pour rejoindre un lieu de culte bien plus ancien que les Météores, en l'occurrence le mont Olympe. La demeure des dieux antiques est presque en permanence dans les nuages et bien peu, parmi les milliers de touristes qui, chaque année, gravissent ses 2 917 m, peuvent se vanter d'avoir vraiment découvert la vue. Comme tous les lieux sacrés, l'Olympe dégage une atmosphère très particulière, que l'on perçoit depuis le bas du sentier jusqu'à la cime. L'excursion commence par une route sinueuse, partant du bourg de Litóhoro, à une dizaine de kilomètres de l'autoroute. On y voit le petit monastère d'Ágios Ioánis, avec son inévitable fontaine, fréquenté par les touristes et par les habitants des villages les plus perdus de Thessalie. On peut l'atteindre en voiture, ce qui permet d'économiser ses forces pour effectuer, ensuite, l'ascension jusqu'au refuge de la cime du Mítikas.

L'Olympe peut constituer aussi le point de départ pour la visite des principaux centres de la dynastie macédonienne. À Dío, localité située à une dizaine de kilomètres au nord de Litóhoro, non loin de l'autoroute Athènes-Thessalonique, le roi Philippe II de Macédoine avait fait édifier d'importantes installations militaires dont il reste encore beaucoup d'éléments des époques helléniques et romaines. Il faut parcourir 40 km de plus pour arriver sur le site de l'antique Pidna où fut tuée Olympias, mère d'Alexandre le Grand. Mais cette découverte de la Macédoine antique a pour haut lieu la tombe de Philippe II, à Vergína, que l'on atteint après 20 km sur la route du littoral, et autant sur celle qui mène à la ville de Véria. Certaines sépultures, découvertes en 1977, ont confirmé l'hypothèse que dans ces lieux se dressait l'antique capitale macédonienne. Si le site n'est pas très favorisé sur le plan du paysage, l'architecture et les couleurs de la tombe sont somptueuses. Le sarcophage, le diadème, le sceptre royal, le bouclier et l'armure en or sont exposés au Musée archéologique de Thessalonique. Pour aller à Pella, capitale de la Macédoine à son âge d'or, il est possible de passer par Leucade, à 34 km au nord-ouest de Véria, en direction d'Édessa. Près du village de Skidra, se trouvent les vestiges d'une « grande sépulture » de style oriental de la civilisation macédonienne ; elle est impressionnante, mais peu visitée. À une quarantaine de kilomètres à l'est de Skidra, en direction de Thessalonique, la route conduit sur le site de Pella qui conserve le tracé de rues larges, dallées, à angle droit, les ruines de bâtiments importants et ce que l'on appelle le « palais royal », où furent découvertes six splendides mosaïques datant de la fin du IVe siècle av. J.-C. Les mieux conservées montrent Dionysos assis sur une panthère et une chasse au lion. Elles se trouvent au musée de Pella.

78 EN HAUT La tour Saint-Paul à Néa Fokéa, sur la presqu'île de Kassándra, date du XIVe siècle. Postée en sentinelle au-dessus d'une plage parmi les plus fréquentées de la Grèce du Nord, elle rappelle que le littoral fut très disputé, depuis la chute de l'empire d'Orient jusqu'à une époque récente.

78-79 La Tour blanche de Thessalonique, jadis incorporée dans les remparts de la ville, fut construite par les Ottomans en 1535. Au XIXe siècle, elle est devenue une prison pour les janissaires révoltés, qui y furent massacrés. Par la suite, elle a fait partie du système de défense du port de la belle capitale du Nord.

À moins de 20 km se trouve Salonique ou Thessalonique (Thessaloníki), la capitale du Nord. Bien plus qu'Athènes, la seconde ville de Grèce reflète l'esprit cosmopolite qui caractérisait les Balkans avant les « purges ethniques » du XIXe siècle. Une partie du vieux quartier turc résiste encore, accroché sur l'antique acropole, en haut de la colline. À l'intérieur de l'enceinte d'époque hellénistique s'étend tout un réseau de ruelles tortueuses, bordées de maisons en bois typiques, que l'on rénove à l'heure actuelle, comme à Athènes, et qui deviennent des logements de prestige. Plus bas, on peut reconnaître, ici et là, parmi les constructions de la ville moderne, des éléments grecs anciens et byzantins. Heureusement, les architectes ont pris soin de protéger les zones où se trouvent les monuments du centre. Thessalonique est un peu moins agitée que la capitale, et sans doute plus agréable pour un séjour. Elle a la réputation d'une ville de passage. Elle a été, dans l'Antiquité, une étape essentielle sur la Via Egnatia, la grande route romaine et byzantine qui reliait la péninsule italienne à Constantinople. Actuellement, son port est le deuxième de Grèce ; dominé par la Tour blanche turque, il vit notamment de l'exportation du tabac de Macédoine, renommé dans le monde entier. Encore aujourd'hui, la ville est traversée par la voie romaine sur laquelle s'élève l'Arc de Galère dont seuls subsistent deux des quatre piliers d'origine. Au nord de la Via Egnatia, à quelques pas les uns des autres et en plein centre-ville, se trouvent l'Hamam bey, les anciens bains turcs, et l'église Notre-Dame des Chaudronniers (Panagía Halkéon), la plus ancienne des églises byzantines, ainsi que l'Agora grecque et romaine. Tout près de la voie romaine se dressent aussi d'autres édifices historiques : l'église Sainte-Sophie, qui date probablement du VIIe siècle apr. J.-C., et l'église Saint-Georges, la Rotónda, qui était à l'origine le mausolée de l'empereur Galère (élevé au IVe siècle apr. J.-C.) avant d'être transformée en église au Ve siècle. On peut aussi aller vers la citadelle turque pour visiter l'église Óssios Davíd, le monastère des Vlatades, au pied des remparts, ainsi que l'église Saint-Nicolas et celle des Taxiarques qui complètent le vieux centre byzantin.

La belle Thessalonique a en partie perdu son ancienne atmosphère levantine dans les premières décennies du XXe siècle, avec la disparition de l'importante communauté turque puis, durant la Deuxième Guerre mondiale, de la très active minorité juive qui commerçait avec tous les ports de la Méditerranée, surtout avec les autres communautés juives d'Égypte et d'Espagne. Par une étrange coïncidence, c'est à Thessalonique qu'est né Mustafa Kemal, le futur Atatürk, qui devait prendre une part essentielle à la difficile réorganisation des frontières.

79 À GAUCHE Cette partie du littoral est appelé « la plage d'Aristote ». Elle est très fréquentée, en été, par les Grecs de toutes les régions, qui apprécient la presqu'île de Kassándra, le « doigt » occidental de la Chalcidique, à proximité de Thessalonique.

79 À DROITE La statue dite de « Dionysos enfant », est en fait celle d'Harpocrate, divinité égyptienne assimilée à Éros (fin du IIe siècle av. J.-C.). Elle se trouve au Musée archéologique de Thessalonique qui abrite également les trésors de Vergína, provenant du célèbre site funéraire macédonien.

80 À GAUCHE EN HAUT
Dans la république théocratique du mont Áthos, il faut marcher! En effet, les monastères se situent, le plus souvent, à une heure de marche les uns des autres. Les moines, qui sont répartis en diverses catégories, élisent un gouvernement et administrent la justice de manière totalement autonome. Ils continuent à vivre, du moins en apparence, comme il y a deux siècles.

80 À GAUCHE AU CENTRE
La très prosaïque cuisine d'un des couvents de la Sainte Montagne, est utilisée depuis des siècles. Les moines ne sont pas les seuls à s'en servir: chaque monastère dispose d'une hôtellerie pour accueillir les pèlerins et les touristes. L'unique condition, évidemment, est d'être un homme adulte.

80 À GAUCHE EN BAS
Les monastères ne renferment pas beaucoup d'œuvres très anciennes. La plus grande partie des fresques a, en effet, été exécutée entre les XVIIe et XIXe siècles. Elles sont dues à deux écoles artistiques: la première d'origine macédonienne, la seconde d'inspiration crétoise.

À l'ouest de Thessalonique, outre les plages chères au tourisme national et international des presqu'îles de la Chalcidique, se trouve la zone monastique la plus grande d'Europe, la péninsule du mont Áthos, séparé du monde par une ligne qu'aujourd'hui encore les femmes n'ont pas le droit de traverser. Cette « république théocratique » des moines a été, durant des siècles, le centre spirituel de l'orthodoxie mais, actuellement, on y utilise l'ordinateur et Internet plus que partout ailleurs en Grèce. À ceux qui n'ont pas le « visage imberbe » et qui ont donc le droit d'y pénétrer, Áthos réserve des paysages et une nature extraordinaire, parmi les mieux préservés de la Méditerranée.

80 À DROITE
Au monastère d'Ivíron, théâtre de la marche miraculeuse sur les eaux du moine Gabriel, on célèbre une grande fête. Le moine avait trouvé, au milieu des flots, l'icône de la Vierge, encore conservée dans les lieux. Le tableau, qui est présenté aujourd'hui en partie voilé, est considéré comme ayant une origine miraculeuse.

80-81 En 963, le moine Athanasios a fondé le monastère de la Grande Lavra, sur la presqu'île du mont Áthos. La communauté monastique a atteint son apogée vers 1400 mais, après l'occupation par l'Empire ottoman, les relations diplomatiques avec le sultan furent très difficiles.

81 EN HAUT *Le monastère de Simonos Pétras dresse sa masse sur un promontoire qui se trouve sur le versant ouest de la presqu'île sacrée. Comme dans les autres complexes monastiques du mont Áthos, la règle suivie en ce lieu par les religieux austères, les cénobites, est caractérisée par la vie en commun.*

82 EN HAUT
Kavála, la plus orientale des villes grecques et la deuxième en importance de la Macédoine, est réputée pour sa production de tabac d'exportation. Autour de la maison de Mehemet Ali, sultan d'Égypte, s'étend le pittoresque quartier musulman qui date du XVIIIe siècle.

Depuis le promontoire d'Ágio Óros, la Sainte Montagne d'Áthos, à la limite de la Turquie, s'étend la plaine fertile de Thrace qui constitue, avec la Macédoine, la plus grande région agricole grecque, avec ses cultures de riz et de tabac. Les villes les plus importantes en sont Kavála, avec ses grands quartiers musulmans, et Fílipi, célèbre pour l'affrontement entre les deux factions des successeurs de Jules César. Dans la plaine marécageuse se trouvent Xanthi et Komotini, et aussi Alexandroupolis, peuplée essentiellement par les Grecs des côtes de la mer Noire et de la mer Égée asiatique, rapatriés dans les années 1920. Presque à la frontière, s'ouvre le remarquable delta de l'Evros, une zone humide très importante de la Méditerranée orientale, qui constitue une étape indispensable pour les oiseaux migrateurs, et un précieux refuge protégé pour les espèces sédentaires.

82-83 Théâtre de la bataille entre Brutus et Cassius, d'un côté, Octave et Antoine, d'un autre côté, Fílipi regorge de vestiges des époques romaines et byzantines. La ville a dû son importance à sa position d'étape sur la Via Egnatia, vers l'Orient. Nous voyons ici les ruines d'une basilique paléochrétienne.

83 EN HAUT *La forteresse de Kavála, en Macédoine, a été englobée par le développement de la ville. Malgré l'urbanisation rapide de l'époque récente, on distingue encore parfaitement la silhouette de l'antique château qui servait à contrôler l'importante voie romaine de communication vers l'est, ainsi que le bras de mer et l'aqueduc.*

83 EN BAS *Sur l'île de Thássos, toute proche du continent et de la Thrace, on peut visiter les ruines du sanctuaire dédié aux Dioscures, dans le site archéologique d'Alikí, ainsi que deux basiliques byzantines. Actif à partir du* VIIe *siècle av. J.-C. jusqu'à la fin de l'époque romaine, le sanctuaire est édifié sur une étroite bande de terre, et est entouré d'une belle forêt de pin.*

VERGINA FERRIES

84 EN HAUT À GAUCHE Le port moderne de Patras, à l'entrée du golfe du même nom, est une voie d'accès privilégiée pour pénétrer en Grèce. Il est particulièrement indiqué pour ceux qui veulent visiter Athènes et, de là, les nombreuses îles de la région.

84 EN HAUT À DROITE La maison des prêtres de Mycènes se trouve dans le bas de l'Acropole. Sur la colline, les différentes époques sont stratifiées, à partir de la plus ancienne occupation du site, vers 3000 av. J.-C., avant l'apparition des Achéens dans la péninsule.

LE PÉLOPONNÈSE, « L'ÎLE » DE PÉLOPS

84-85 Sauvage et aride, l'île d'Elafónisos, située non loin de l'extrémité orientale du Péloponnèse, est un peu comme un fragment de désert égaré dans une mer cristalline.

85 Ce cargo, qui effectue la traversée du canal de Corinthe, semble presque enseveli entre de hautes parois. L'ouvrage a été creusé dans l'isthme qui sépare le Péloponnèse de la Grèce continentale vers la fin du XIXe siècle, mais l'idée en est beaucoup plus ancienne. La première tentative de creusement remonte à l'empereur Caligula.

Péloponnèse signifie, littéralement, « île de Pélops », fils de Tantale, condamné à souffrir de faim et de soif pour avoir révélé aux hommes les secrets des dieux. C'est aussi la contrée où ont prospéré les cités de Sparte, Mycènes, Argos, Corinthe et Olympie. En bref, c'est l'autre versant, à côté d'Athènes, de la Grèce antique. Le Péloponnèse est bel et bien devenu une île en 1893, année du percement du canal de Corinthe qui le sépare aujourd'hui du continent. La région est une mosaïque géographique qui paraît reproduire les paysages de la Grèce continentale et des autres pays méditerranéens : Neméa évoque la Toscane, Épidaure rappelle l'Attique alors que l'Arcadie, moins bucolique que son nom ne le suggère, a quelque chose des montagnes d'Épire et de Thessalie. Mais certains lieux sont très originaux. C'est le cas de Mycènes, bien entendu, mais aussi des cités byzantines de Mistra et de Monemvassía, et également de l'incroyable presqu'île du Magne, à la pointe méridionale de la Grèce continentale. Patras, à l'entrée du golfe du même nom, est le chef-lieu et la ville majeure du Péloponnèse, une porte sur l'Italie et le reste de l'Europe ; un flot de touristes y passe en été. Une autoroute, qui suit le vaste golfe de Corinthe, la relie à Athènes. À Diakoftó, à environ 60 km de Patras, on peut prendre le plus beau chemin de fer de Grèce : c'est un train miniature qui se faufile dans l'étroite gorge du Vouraïkós. Il y a un unique arrêt, au bar tabac de Zahloroú ; de là, on prend le chemin pour découvrir le monastère de Méga Spíleo et pour se rendre à sa grotte où, dit-on, la Vierge est apparue à un berger. La vieille locomotive à crémaillère continue jusqu'au terminus, Kalávrita, où une stèle commémore les 1 436 victimes de la répression allemande pendant la Deuxième Guerre mondiale. Non loin, depuis le monastère d'Agía Lávra, en 1821, l'archevêque de Patras a lancé le signal de la révolte contre l'Empire ottoman. Kalávrita se trouve au cœur des monts du Péloponnèse, avec ses trois sommets : Erímanthos, Panakhaïkón et Aroánia. Pour revenir sur la côte, il faut emprunter, sur 70 km, l'autoroute qui conduit à Corinthe. La ville moderne s'étend non loin du canal creusé au XIXe siècle pour joindre la mer Égée et la mer Ionienne, alors qu'auparavant

86 EN HAUT
Cet ensemble de murs fortifiés qui s'étagent sur la pente appartient au sommet de l'acropole. C'est l'un des monuments les plus séduisants et évocateurs pour celui qui visite la Corinthe de l'antiquité.

86 EN BAS
Le temple d'Apollon est sans doute l'édifice le plus intéressant de l'antique Corinthe. Construit entre 550 et 525 av. J.-C., au début de l'époque classique, il se dresse sur le l'emplacement d'un sanctuaire du VIIe siècle av. J.-C.

les navires devaient faire le tour du Péloponnèse et passer le cap Matapan, toujours dangereux. En revanche, dans l'Antiquité, les bateaux étaient acheminés par la terre ferme au moyen d'un ingénieux système de roues et par la force des esclaves, afin de franchir l'étroite bande de terre qui relie la péninsule au continent. Les profits tirés de ce transport d'embarcations représentaient une part importante du budget de l'antique Corinthe qui jouissait d'une position enviable, comme gardienne des deux mers. Toutefois, la ville recelait d'autres richesses, qui la rendaient fameuse. Selon la chronique, les mœurs y étaient beaucoup plus dissolues que partout ailleurs dans la Grèce antique. Mille prostituées sacrées exerçaient leur forme particulière de dévotion dans le temple d'Astarté, déesse orientale de l'amour. Dans ses Épîtres aux Corinthiens, saint Paul tente de convaincre les citoyens de ne plus pécher et de faire pénitence, en rejetant les traditions de luxe et de luxure. L'Acrocorinthe, l'acropole de Corinthe, a été grecque, romaine, vénitienne, franque et enfin turque. Les ouvrages de fortifications, renforcés et utilisés siècle après siècle, sont encore bien visibles. Du haut de ce rocher, plus que sur les ruines romaines de l'agora, on peut comprendre pourquoi cette cité, qui donnait sur deux mers, a été si riche et si puissante.

Au sud de Corinthe s'étend l'Argolide, une des régions de Grèce les plus riches par son histoire et ses sites archéologiques. En suivant la côte de la mer Égée, on arrive à Épidaure où se trouve le plus grand sanctuaire d'Asclépios, dieu de la médecine. Près des ruines du temple, on voit encore les restes des dortoirs où les malades espéraient voir, en songe, apparaître la divinité. Les Romains, pour qui le dieu est devenu Esculape, y ajoutèrent, prosaïquement, une station thermale. C'est surtout le théâtre qui, à Épidaure, mérite l'attention. Avec ses 14 000 places, c'est un des plus grands et des mieux conservés de Grèce, et il est toujours utilisé pour le festival d'été de théâtre antique.
À 50 km d'Épidaure, sur le fond du golfe Argolique, c'est Nauplie (Náfplio), petite ville médiévale dominée par un beau fort vénitien, qui fut, en 1829, la capitale provisoire du premier royaume hellénique. Le parlement de cette petite Grèce, qui ne dépassait guère le Péloponnèse, se réunissait dans

86-87 Les remparts byzantins, francs et vénitiens forment l'énorme ensemble fortifié de l'Acrocorinthe. Celui qui s'assurait la possession de cette place forte avait en même temps le contrôle, du point de vue militaire et économique, du passage entre les deux mers, Égée et Ionienne.

87 EN HAUT À GAUCHE
Le théâtre de Sikióna se détache nettement sur une pente légère plantée de chênes, en face d'une vaste plaine agricole. S'il est largement visité par les touristes, il a gardé tout le charme d'un lieu préservé.

87 EN HAUT À DROITE
Épidaure possède le plus accompli des théâtres de la Grèce classique. Sa création a été étroitement liée au culte du dieu de la médecine, Asclépios. Les représentations dramatiques qui y ont été données pendant des siècles, avaient une double fonction, liturgique et thérapeutique.

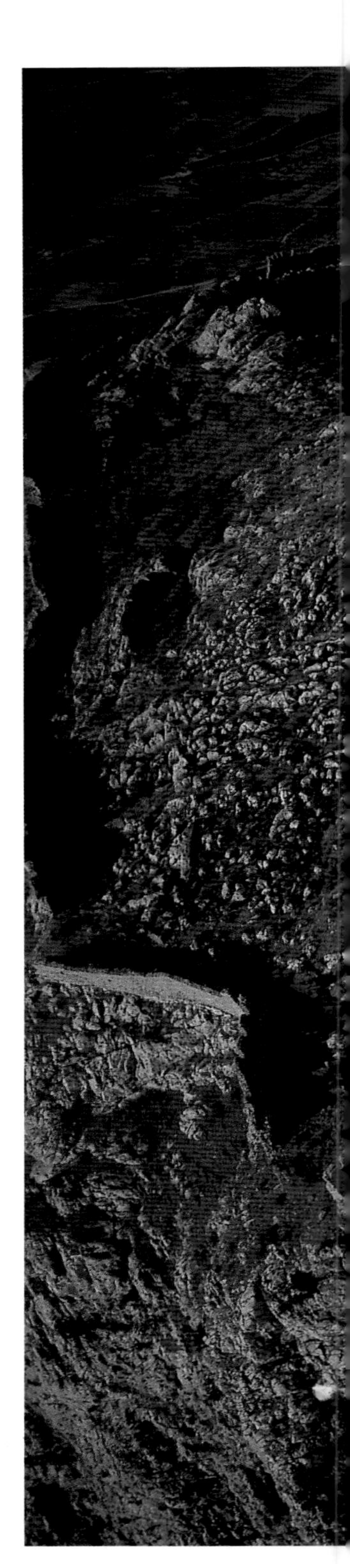

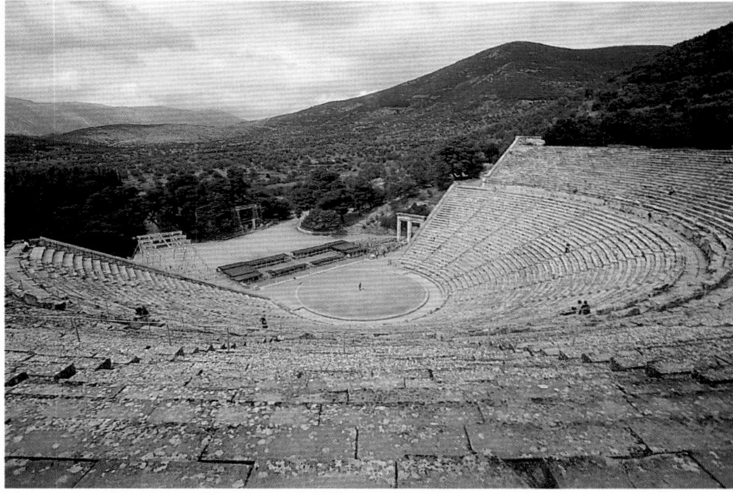

l'ancienne mosquée désaffectée, tandis que le palais royal était la citadelle vénitienne fortifiée qui, à l'heure actuelle, abrite un *Xenia*, hôtel de l'Office national du tourisme.

En remontant légèrement vers le nord, on découvre le site archéologique le plus important et le plus impressionnant d'Argolide, les ruines de l'acropole préhistorique de Mycènes. La ville qui fut, selon le mythe, le cœur du petit royaume d'Agamemnon, se trouve sur une colline entourée par une couronne

88 EN HAUT
L'éperon rocheux qui surplombe Nauplie ressemble à la proue d'un navire fendant la mer Égée, comme le suggère le nom de la localité, qui signifie « station navale ». Le relief de la région s'est montré propice à la création de l'ensemble fortifié d'où les Vénitiens ont dominé la « Naples des Romains ».

88 AU CENTRE
La vue aérienne donne une bonne idée de la puissance du château médiéval d'Árgos. Célèbre surtout pour son acropole mycénienne, cette petite ville, qui a donné son nom à la région de l'Argolide, a été un point important du système défensif de l'Empire ottoman.

88 EN BAS
La tour turque de Boúrdzi se dresse à l'extrémité du promontoire de Methóni, au sud du Péloponnèse. L'édifice, à plan polygonal, encore en excellent état, fait partie d'une grande forteresse créée par les Vénitiens et renforcée ensuite par les Ottomans.

88-89 Le plan des fortifications de l'antique Nauplie est bien visible sur cette vue aérienne. La ville fut la première capitale de la Grèce, après sa séparation avec l'Empire ottoman, à un moment où le pays était réduit au seul Péloponnèse. Elle se trouve dans le golfe d'Argolide, au pied de la puissante citadelle vénitienne.

90 EN HAUT À GAUCHE
Sur la presqu'île du Magne, le « doigt » central du Péloponnèse, existent beaucoup de petits ports et de bourgades peu connus, comme ici Ágios Kiprianós. Ceux qui ont tenté de dominer la Morée, nom vénitien et médiéval de la presqu'île, ont dû affronter les rudes Maïnotes, descendants des Spartiates.

90 EN HAUT À DROITE
La baie de Pílos est l'un des plus beaux endroits de Grèce. Elle est connue aussi sous le nom de « golfe de Navarin » qui lui a été donné par les populations slaves qui s'y sont installées. Cette baie fut le théâtre de la victoire de la flotte alliée des Français, des Anglais et des Russes sur celle des Turcs et des Égyptiens, au cours de la guerre d'indépendance.

90-91 *À l'entrée de la presqu'île du Magne, une des trois « pointes » qui terminent le Péloponnèse, se trouve le bourg de Gíthio, charmante étape sur la route du sud et port de pêche renommé.*

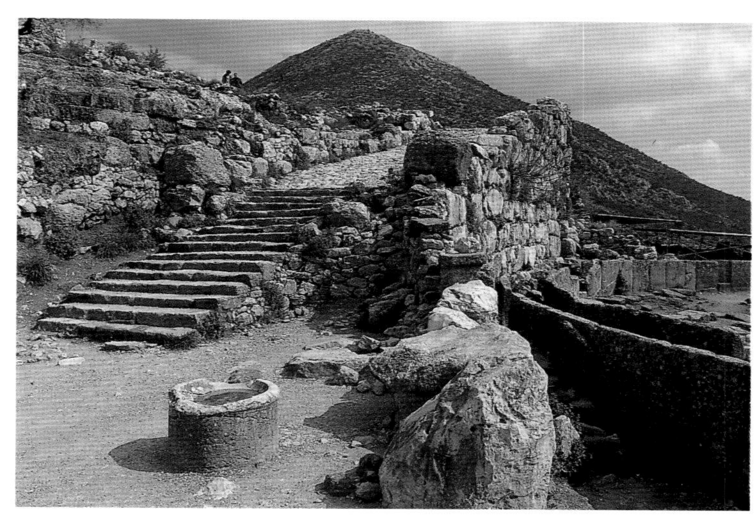

91 EN HAUT L'acropole de Mycènes, dont les rares ruines donnent une faible idée de la puissance achéenne, est néanmoins un lieu séduisant et évocateur. Ici, Ménélas et Agamemnon, l'enlèvement d'Hélène qui causa la guerre de Troie, le retour d'Agamemnon et son assassinat, paraissent plus réels que mythiques.

91 EN BAS Si les Lionnes de la célèbre porte de l'acropole de Mycènes ont perdu leur tête depuis très longtemps, la construction évoque toute la splendeur de la civilisation grecque avant l'époque classique, et elle est restée intacte depuis trente-cinq siècles.

92-93 Depuis les hauteurs de l'îlot sur lequel se trouve la ville byzantine de Monemvassía, l'un des centres historiques et artistiques les plus intéressants de l'Empire byzantin dans le Péloponnèse, l'église Sainte-Sophie paraît contrôler la côte de la mer Égée.

de montagnes. Après avoir dépassé les remparts « cyclopéens » de pierre grise, on y accède par la fameuse porte des Lionnes, surmontée de la silhouette stylisée des fauves. À l'intérieur, après le premier Cercle royal de tombes, surgissent les ruines du palais de Mycènes qui remonte à 1500 av. J.-C. Hors des murs et tout près de l'Acropole, se trouvent les « tombes des Atrides », c'est-à-dire des chambres funéraires dans lesquelles on pénètre par un étroit passage. Il existe un « esprit des lieux » auquel il est difficile de ne pas être sensible dans la ville d'Agamemnon, fouillée par ce rêveur pragmatique que fut Schliemann. Les montagnes en amphithéâtre, le sol brûlant, la rumeur assourdissante des cigales et l'herbe jaunie forment le décor parfait et la musique idéale pour les murs cyclopéens, la porte des Lionnes et la tombe d'Agamemnon qui fend la roche.

Moins remarquables d'aspect, mais datant de la même époque, les ruines de Némée et de Tirynthe se trouvent entre Mycènes et Nauplie. Celles de Némée sont d'un style différent, avec quelque chose de plus classique et de moins sauvage, au sein d'une belle campagne où pointent mille cyprès. Mais si l'on continue à descendre le long de la côte, le paysage se fait de plus en plus âpre. Après être passée sous les hauteurs du mont Párnonas, la route quitte la mer à Leonídio. Ensuite, la côte se poursuit par une longue partie inhabitée et rocheuse, qu'on ne peut atteindre qu'en bateau ou en prenant le ferry qui va du Pirée au village de Kiparissía. Juste au sud de cette côte déshéritée se trouve Monemvassía vers laquelle ont convergé les nombreuses influences qui se sont succédé dans la région ; il en résulte une ville spectaculaire, d'un style composite appelé « italo-byzantin ». Après que Monemvassía fut tombée dans l'escarcelle de Byzance, les Francs bâtirent Mistra, à environ 100 km, non loin du site de l'ancienne Sparte, à l'entrée de la vallée de Laconie. La ville, avec ses maisons en ruine, s'étend sur les pentes du Taygète, une des plus

94 EN HAUT
Au pied de la colline de Mistra, vieille capitale byzantine, turque et vénitienne du Péloponnèse, s'étend la plaine de Laconie. La ville fut fondée par des chevaliers francs, comme place forte pour les troupes à leur service.

belles montagnes de Grèce, jusqu'au sommet fortifié. À l'intérieur des murs, on découvre des monastères et des églises garnis de fresques, mais il faut monter davantage – et à pied – pour parvenir jusqu'au château.

En revanche, il ne reste rien, ou presque, de Sparte, détruite une première fois par Alaric, puis maintes fois dévastée par les invasions slaves. Les lointains descendants des Doriens finirent par l'abandonner afin de trouver refuge dans la presqu'île de Máni, le Magne

94 AU CENTRE
L'église Sainte-Sophie, à Mistra, paraît presque intacte. Quelques années après sa fondation, la ville est passée des Francs à l'Empire byzantin qui en a fait une forteresse, qui fut abandonnée après la sanglante répression qui a suivi la révolte contre les Turcs, à la fin du XVIIIe siècle.

94 EN BAS
Le monastère Perívleptos, dont on voit ici la coupole, est célèbre pour la finesse des mosaïques qui l'ornent.

94-95 En dehors de Monemvassía, l'autre grand centre de civilisation byzantine de la Morée médiévale est Mistra. Accrochée sur une butte conique, non loin de l'antique Sparte, la citadelle a conservé intact tout son caractère, et elle offre une grande richesse, notamment à travers ses édifices sacrés.

96 EN HAUT À GAUCHE
Il reste bien peu de chose de la fière rivale d'Athènes. Sparte était une ville relativement pauvre en monuments de grand prestige, en partie par réaction à la profusion artistique de la « molle » capitale de l'Attique, et les ruines paraissent elles aussi bien maigres.

96 EN HAUT À DROITE
Kótronas, dans la région du Magne, offre un bel exemple de ces tours fortifiées appartenant à un clan familial. L'entrée se trouvait habituellement au premier étage, et pour y accéder, il fallait une échelle, que l'on pouvait retirer en cas d'attaque.

96-97 Le village de Váthia témoigne lui aussi de cette tradition des maisons-tours des Maïnotes. Contrairement à ce qui se passe dans le reste de la Grèce, où l'hospitalité est un devoir sacré depuis des millénaires, Le Magne, à l'extrémité méridionale du Péloponnèse, se montre peu accueillant envers les étrangers.

97 EN HAUT
Le site archéologique d'Olympie procure une sensation d'espace, de paix et de tranquillité. Sur la plaine côtière, la cité des jeux et des trêves sacrées, constitue aujourd'hui encore un havre de quiétude. Les Anciens, qui ont décrit cette atmosphère l'attribuaient à un « esprit des lieux », c'est-à-dire à une divinité protectrice.

97 AU CENTRE
La cité sacrée d'Olympie comprenait aussi, à côté du stade, un amphithéâtre datant de l'époque classique. Nous sommes ici à Mandínia, au cœur de l'Arcadie orientale.

médiéval, le « doigt » central des trois presqu'îles méridionales du Péloponnèse, qui pointe dans la Méditerranée à 50 km au sud de Sparte.

Ici demeurent les traces d'une civilisation différente du reste de la Grèce. Dans les villages du Magne, les tribus locales habitaient de véritables tours, dotées de petites fenêtres aux allures de meurtrières, dont l'entrée était placée en hauteur, si bien qu'on y accédait au moyen d'une échelle.

Dans cette presqu'île aride, on ne trouve pas les lieux habituels de la vie hellénique qui, ailleurs, s'organise autour de la place où tout le monde se rencontre. Le pays est très isolé et les gens, d'un naturel plutôt méfiant, sont peu ouverts aux étrangers : ce sont les liens familiaux qui priment. Il y a tout lieu de penser que ces Maïnotes ont conservé quelque chose du caractère entier et belliqueux des Égaux de la Sparte antique.

Chaque année, vers Pâques, dans un des villages du Magne, a lieu la réunion d'un clan qui n'a pas ses origines à Sparte, mais dans la Florence de la Renaissance, et qui descend de la branche cadette des Médicis. Cette particularité en dit long sur le passé commercial de cette région. En remontant au nord-ouest, pour terminer le tour du Péloponnèse, on traverse Kalamáta dont la production d'olives est célèbre dans le monde entier, et on rejoint la côte de la mer Ionienne, en passant les sites mycéniens de Messini, Pílos et Vassés.

Olympie dégage une atmosphère différente de celle, assez rude, des cités archaïques ; situé dans une plaine dominée par une faible hauteur, le sanctuaire où les Grecs se réunissaient tous les quatre ans pour s'affronter pacifiquement, est la cité religieuse par excellence, où l'on déposait les armes pour ne former qu'une seule nation, parlant une même langue, vénérant les mêmes divinités et partageant pratiquement les mêmes traditions.

Les fouilles archéologiques, commencées à la fin du XVIIIe siècle sous une direction française, ont mis à jour le grand temple de Zeus, la palestre, les bains, les piscines, les logements des athlètes, le stade et l'hippodrome, c'est-à-dire tout ce qui fait encore de nos jours une ville olympique. Toutefois, à l'âge d'or de l'olympisme, le but n'était pas seulement d'être le premier, mais de faire triompher sa ville en l'honneur de la divinité.

Le rôle politique et religieux a décliné à l'époque romaine, et s'est éteint avec l'interdiction du rite païen par l'empereur Théodose.

97 EN BAS
L'arrière-pays d'Olympie est assez riche en sites archéologiques pratiquement inconnus. Le beau théâtre classique, d'époque tardive, de Mégalopolis, au cœur de l'Arcadie, ne fait pas exception : l'édifice du IVe siècle av. J.-C. était le plus grand de l'Hellade, pouvant accueillir 20 000 spectateurs.

LES ÎLES, UNE COURONNE BLANCHE ET BLEUE POUR L'HELLADE

LES ÎLES IONIENNES

98 Zákinthos, ou Zante, est une île pleine de verdure, renommée pour ses plages et ses îlots rocheux. On dit que le sable de Laganás est le plus fin de toute la Grèce.

98-99 Cythère, où se trouve cette plage de Kalatí, est la plus méridionale des îles Ioniennes. Selon la légende, Aphrodite serait née dans la mer qui la baigne.

99 EN HAUT À GAUCHE
La petite ville de Zákinthos a été détruite par un tremblement de terre en 1953. C'est pourquoi, ce site historique se limite aujourd'hui à la citadelle vénitienne qui la domine.

99 EN HAUT À DROITE
L'île de Leucade (Lefkáda) est l'ancienne Sainte-Maure des Vénitiens. On voit ici le beau paysage de Nidrí, sur la rive d'une baie romantique. L'île semble presque rattachée à la côte par un bras de terre.

Les géographes parlent de deux mille îles, mais elles sont en réalité moins de deux cents si l'on exclut celles qui ne dépassent guère les dimensions d'un simple rocher. Elles représentent un patrimoine naturel de valeur mondiale et, surtout, une constellation de petites civilisations locales dont le particularisme va déclinant. C'est en effet seulement dans les plus grandes qu'il y a encore une population en hiver, et c'est exclusivement le tourisme qui leur conserve un peu de vie. Jusqu'en 1920, elles étaient pourtant habitées toute l'année et subsistaient de la pêche et de la récolte des éponges, activités très saisonnières, surtout en ce qui concerne la seconde. La marginalisation et le dépeuplement sont particulièrement sensibles dans un archipel comme le Dodécanèse qui fut, par le passé, un des endroits les plus prospères du pays étant donné la proximité de la côte asiatique.

Toutefois, cette tendance n'est pas absolument linéaire. C'est ainsi que la découverte de gisements pétrolifères dans la mer Égée a récemment alimenté un différend entre les gouvernements grecs et turcs, tous deux intéressés par cette manne supposée. Les voisins orientaux revendiquaient en fait toute la zone de la « plate-forme continentale », pour les richesses du sous-sol, alors que les Grecs n'entendaient naturellement pas abandonner leurs privilèges. Il s'en est suivi une controverse qui est finalement partie en fumée, le tourisme et les forages pétroliers étant difficilement conciliables, sans parler de l'équilibre écologique qui risquait de se trouver sérieusement menacé. Les îles Ioniennes, qui forment un chapelet devant les côtes les plus occidentales de la Grèce, ne sont en revanche pas concernées par l'abandon progressif des zones insulaires, étant donné leur situation de pont géographique et historique entre l'Hellade et le reste de l'Europe : elles sont en effet placées sur la mer Ionienne comme des pierres qui permettent de traverser un gué. Elles sont passées, pratiquement sans solution de continuité, de la tutelle vénitienne à la domination française, en 1797. Par la suite, elles sont devenues protectorat turco-russe et, en 1807, elles sont retournées à la France. Après la chute de Napoléon Ier, elles sont restées sous l'aile britannique jusqu'aux dernières années du XIXe siècle, et elles ont fini par constituer la petite république d'Eptanisa (des sept îles), avant d'être intégrées dans le royaume de Grèce. Corfou, la capitale, est une petite ville qui conserve le souvenir de toutes ces influences : le costume traditionnel des femmes rappelle beaucoup celui des Italiennes, l'esplanade destinée aux parades militaires est typiquement de style français et l'architecture de la citadelle vénitienne a largement été aménagée par les Anglais. Au nord de la cité, on peut visiter l'Achilleion, demeure ayant appartenu à Élisabeth d'Autriche, la belle et célèbre Sissi, qui s'est montrée ici protectrice passionnée des arts. Encore aujourd'hui, malgré l'industrie touristique qui a transformé les rues et

100 EN HAUT Paxí est un port pour petites embarcations et yachts. L'île ne compte que deux villages, Gaiós, que l'on voit ici, et plus au nord le bourg de Lakká. L'un et l'autre se trouvent sur la côte qui fait face au continent.

100-101 Céphalonie, dont nous voyons ici une plage à Antisámos, est la plus grande des îles Ioniennes et offre une réelle variété de paysages. C'est son relief escarpé qui lui a valu son nom dont la racine grecque signifie non seulement « la tête », mais aussi « la montagne ».

les mentalités, Corfou reste la plus internationale des îles grecques.
À Paxí et Antipaxí, les deux îles jumelles postées devant la côte de l'Épire, et à Leucade, séparée de la terre ferme par un bras de mer guère plus large que le pont d'un navire, on respire une atmosphère délicieusement grecque. En revanche, Ithaque, au sein d'une « mer couleur de vin » comme dit Homère, déçoit en partie ceux qui y cherchent à reconnaître les lieux décrits dans l'*Odyssée*. En fait, les sites archéologiques sont difficiles à visiter et les fouilles souvent fermées au public ; cependant, la fontaine Aréthuse et la grotte des Nymphes sont là pour récompenser celui qui a fait le voyage pour trouver quelques vestiges d'un monde fascinant, disparu depuis près de trois mille ans.
En poursuivant vers le sud, on arrive à Céphalonie – dont le nom signifie, en grec, l'île de « la tête » ou de « la montagne » –, en partie détruite par le tremblement de terre de 1953. Sámi et Argostóli, les deux petites villes de l'île, sont entièrement modernes, mais on retrouve l'ancien charme insulaire dans les villages d'Ássos, avec sa forteresse vénitienne, et de Fiskárdo, avec son port aux vieilles maisons presque italiennes. Sur la route, entre les deux, se trouve le village de Markópoulo où chaque année, le 15 août, apparaissent, dit-on, de nombreux serpents, selon une tradition qui se réfère autant à un phénomène naturel qu'à la magie.

101 EN HAUT
Antipaxí est encore relativement ignorée des grands flux touristiques, malgré la proximité de Corfou. L'île est un havre de paix pour ceux qui aiment la nature et la solitude.

101 EN BAS
La plage de Myrtos est, à juste titre, la plus renommée de l'île de Céphalonie. Le sable blanc reflète les somptueuses teintes turquoise d'une mer qui est la principale attraction, pour le tourisme national et international.

102 EN HAUT
À Corfou, le maquis méditerranéen laisse une large place à de véritables zones forestières, peuplées d'essences aimant les climats chauds et secs. L'île en a d'autant plus de charme et de fraîcheur, comme le prouve cette plage de Paleokastrítsa, sur la côte qui fait face à l'Italie.

102 EN BAS
Le lion vénitien rugit encore sur les murs du château de la ville de Corfou. Dans la plus italienne des îles grecques, les coutumes, les traditions, les costumes et les habitants ressemblent beaucoup à ceux que l'on trouve de l'autre côte de la mer Ionienne.

102-103 Ce paysage empreint de paix et d'harmonie, où se dresse le monastère des Vlachernes, relié à la terre par une étroite jetée, devant le verdoyant îlot de Pontikoníssi, à Kanóni, est une des vues les plus fameuses de Corfou. Il donne une bonne idée de la quiétude que l'on trouve dans l'île.

103 EN HAUT
Corfou, la ville, s'est largement développée autour du centre historique qui date du VIIIe siècle av. J.-C. C'était à l'origine une colonie de Corinthe, mais la vieille ville que l'on voit aujourd'hui date, pour l'essentiel, du XVIe siècle, et elle a connu des transformations à l'époque napoléonienne.

Au début du XIXe siècle, l'île de Zante (Zákinthos) a vu fleurir un mouvement littéraire romantique, à la fois grec et italien, prenant aussi un caractère politique pour l'unité et l'indépendance des deux patries. Il s'est incarné dans les œuvres de l'Italien Ugo Foscolo et du Grec Dionýsós Solomós, auteur de l'hymne de son pays. Malheureusement, cette « Fior di Levante » (fleur de l'Orient), comme les Vénitiens avaient baptisé l'île, a été en grande partie rasée par le tremblement de terre de 1953, et de précieux sites historiques ont été détruits. Enfin, au bout de la côte occidentale du Péloponnèse se trouve la dernière île Ionienne, Cythère (Kíthira) où, dans l'Antiquité, on recueillait sur la rive un coquillage appelé murex, dont on tirait la pourpre.

LES CYCLADES

104 EN HAUT
Aussi bien géographiquement qu'historiquement, Délos est le centre du cercle formé par les îles Cyclades. Le nom de l'archipel fait d'ailleurs allusion à la géographie puisque le terme grec kyklos *signifie « roue, cercle ». Ici, c'est l'antique théâtre, devant le port.*

104 AU CENTRE
Selon la légende, Apollon est né à Délos, et c'est à lui qu'est dédiée la cité sacrée. Pour les Anciens, il ne s'agissait pas vraiment d'une île, mais d'un bateau à l'ancre dans la mer Égée. En outre, de cette terre sanctifiée, il fallait éloigner les mourants et les femmes enceintes.

Les Cyclades sont l'archipel qui, dans le monde entier, incarne le mieux l'image que l'on se fait de la Grèce, bien sûr pour la fameuse Míkonos et ses autres îles célèbres, pour ses plages, ses moulins à vents et ses discothèques où l'on danse toute la nuit, mais aussi pour l'enchantement que représente la présence de sites antiques merveilleux, telle l'île sanctuaire de Délos, dédiée à Apollon, et les paysages on ne peut plus méditerranéens. Les Cyclades doivent leur nom à leur disposition en cercle *(kyklos)*, autour de l'île sacrée du centre, Délos, qui fut le pôle politique et religieux de la mer Égée pendant plus de mille ans.
Les monuments de cette dernière comptent parmi les mieux conservés de la Grèce : l'avenue des Processions conduit vers les ruines des sanctuaires d'Apollon et d'Artémis et vers l'ancien lac où nageaient les cygnes et les oies sacrés du dieu du Soleil. Comme personne ne peut rester à Délos après le crépuscule, il faut aller dormir sur la toute proche Míkonos, dont les moulins à vent sont bien connus des touristes, ou encore sur Tínos, célèbre pour ses fêtes du 15 août en l'honneur de la Madone. Náxos, distante de 100 km de Míkonos, demeure encore une destination privilégiée pour celui qui veut fuir le tourisme « tout compris » et la foule des plages. Cette île est liée au mythe de Thésée qui, après s'être tiré des griffes du Minotaure grâce à Ariane, l'a abandonnée, dit-on, sur le rivage de Náxos, où Dionysos est venu la chercher pour l'emmener sur l'Olympe.

104 EN BAS
La statue colossale qui fut découverte dans la carrière de marbre d'Apólonas, sur la côte septentrionale de Náxos, n'est qu'à peine dégrossie. Sa silhouette laisse le visiteur rêveur car elle rappelle celle des mystérieuses statues de l'île de Pâques.

104-105 La porte du temple d'Apollon domine la ville de Náxos. Selon la légende, Thésée, de retour de Crète, aurait laissé sur ce rivage la belle Ariane qui venait pourtant de l'aider à s'échapper du Labyrinthe du Minotaure.

105 EN HAUT
Les fauves de pierre, aux aguets sur la terrasse des Lions, constituent l'image emblématique de l'antique Délos, le site archéologique peut-être le mieux conservé de toute la Grèce. En tout cas, l'île sanctuaire est sans doute l'un des lieux les plus émouvants du pays.

Santorin, la plus méridionale des Cyclades, est actuellement la plus visitée par le tourisme estival. L'étonnant aspect de sa terre volcanique rouge et jaune, les grands cratères spectaculaires envahis par la mer et, de tous côtés, des paysages à couper le souffle justifient amplement son succès. Les ruines de Théra, (la ville de Thíra étant le chef-lieu de l'île), datent de la période dorique, tandis que les fouilles d'Akrotíri ont révélé les restes d'une cité minoenne du deuxième millénaire, enfouie sous les débris de l'éruption volcanique des années 1400 av. J.-C. qui a rendu inhabitable la partie occidentale de Santorin. Dans le palais royal, on a découvert les superbes fresques des danseurs et des dauphins qui se trouvent aujourd'hui au Musée national archéologique d'Athènes. L'ancienneté du site et la nature de la catastrophe qui l'a enseveli ont conduit des esprits imaginatifs à l'assimiler au légendaire Atlantide.

106 EN HAUT
Le vieux bourg de Pírgos se détache sur les collines de terre volcanique rouge et jaune. Le nom de Santorin, donné par les Vénitiens, est une déformation de Sainte-Irène, mais l'île est aussi appelée « la belle ».

106 EN BAS
La découverte de l'antique Théra, d'époque minoenne, a drainé le tourisme vers Santorin. Il y a encore quelques années, on ne pouvait venir ici qu'à dos d'âne.

106-107 À Santorin, la plus méridionale des Cyclades, on comprend mieux pourquoi les couleurs du drapeau grec sont le bleu et le blanc.

107 EN HAUT
Thíra, la plus grande ville de Santorin, est construite sur le bord d'un ancien cratère dont il ne reste qu'un îlot. L'explosion qui a détruit l'île est, pour certains, en relation direct avec le mythe de l'Atlantide.

107 EN BAS
La présence du volcan donne une aura de mystère à Thíra qui fait face à l'une des mers les plus bleues du monde.

108-109 La topographie des lieux, à Santorin, a permis aux habitants de construire Thíra comme un vaste ensemble de gradins, tournés vers la scène de la Méditerranée et orientés vers l'occident.

BREAKFAST

110 La reconstruction du palais royal de Knossós, dont nous voyons ici l'entrée, ne peut susciter que la réprobation des puristes de l'archéologie. Une intervention si poussée ne se justifie pas du point de vue scientifique, mais le résultat est néanmoins époustouflant.

111 À GAUCHE Les archéologues du début du XXe siècle ont effectué, là encore, une intervention « interprétative » de ces fresques montrant une procession de porteurs de victuailles et de boissons, mais la grâce du dessin antique transparaît sous la restauration.

111 À DROITE EN HAUT Dans la salle du trône, à partir de 1700 av. J.-C., les rois minoens recevaient l'hommage de leurs sujets et décidaient aussi de la politique commerciale de la Crète avec les autres centres de la Grèce continentale, des Cyclades et d'Égypte.

111 À DROITE AU CENTRE Dans le palais royal de Knossós, on compte 800 pièces, mais il est probable qu'il y en avait autrefois plus de 1300, reliées par des corridors. C'est peut-être cette complexité architecturale qui a donné lieu à la légende du Labyrinthe. Ici se trouve la salle des boucliers.

En descendant vers le sud, le voyageur arrive enfin en Crète. L'histoire de la troisième île de la Méditerranée est évidemment liée au continent grec, mais les relations entre les deux rives n'ont pas toujours été sereines. La légende de Minos, qui exigeait d'Athènes un tribu annuel de quatorze adolescents, filles et garçons, pour offrir en sacrifice au Minotaure, le monstre terrifiant que devait occire Thésée, révèle de manière explicite les rapports conflictuels qui existaient entre la civilisation minoenne, très avancée, et les quelques centres urbains alors dispersés sur la presqu'île grecque qui n'étaient guère que des hameaux de pasteurs. Les luxueux palais-cités de Knossós, de Phaestos et de Mália, érigés en Crète il y a 4000 ans, témoignent de la richesse de cette civilisation qui, 500 ans plus tard, devait connaître l'invasion achéenne. Il reste peu de chose, dans l'île, de cette période reculée. La Crète ne devait retrouver une certaine vitalité qu'au XIIIe siècle apr. J.-C., après une longue période de domination alternée des Arabes et de Byzance, en passant sous la coupe du lion vénitien après une querelle entre Venise et Gêne. Durant une période de quatre siècles, elle va connaître une nouvelle prospérité, exprimant des courants artistiques d'une grande originalité avec, notamment, un pur génie crétois qui se fera un nom en Espagne par son pinceau audacieux, Dhomínikos Theotokópoulos, dit le Gréco. Mais, après la prise de Candie, dont le siège dure près de vingt-et-un ans, l'île passe sous la domination de l'Empire ottoman en 1669. Elle ne reviendra sous les feux de l'actualité que pendant la Deuxième Guerre mondiale, à l'occasion de combats où les résistants tiendront la dragée haute aux troupes d'occupation allemandes pendant plusieurs mois. Les Crétois, héritiers d'une tradition qui exalte le courage, ont en Grèce la réputation d'hommes durs, au caractère trempé. Encore aujourd'hui, dans les *kafenion* de l'île, on rencontre souvent des anciens, portant sur la tête une résille noire et arborant des moustaches en guidon de vélo, ayant fière allure et cette expression particulière aux vieux guerriers. Les vestiges des palais de Phaestos et de Knossós sont connus dans le monde entier. Ces immenses édifices ont été édifiés, en ces lieux, entre 1900 et 1700 av. J.-C. et, malgré le tremblement de terre, celui qui a rasé Santorin en 1400 av. J.-C., ils demeurent un témoignage saisissant de la civilisation extraordinaire qui s'est développée en Crète. Les ruines de Knossós, à quelques kilomètres d'Héraklion (Iráklio), la capitale de l'île, ont été partiellement reconstruites selon une optique « hollywoodienne » – mais saisissante – de l'archéologie. On y voit les restes d'un riche palais, attribué à Minos, doté de corridors longs et contournés qui font penser au Labyrinthe de la légende. Il s'agit d'un ensemble architectural imposant qui s'étend sur une superficie supérieure à 20000 mètres carrés. Issu, dit-on, du Labyrinthe, le « palais de la Hache », selon son antique dénomination, était entièrement peint et décoré de fresques. Moins

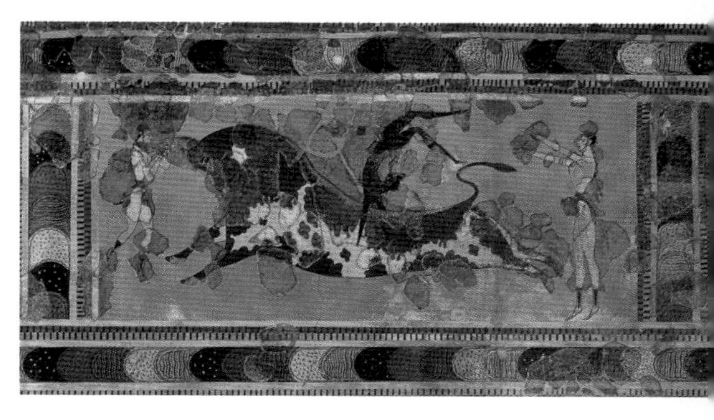

111 À DROITE EN BAS Une des plus célèbres fresques de Knossós représente la taurocathapsie, rite proche de la corrida mais bien moins cruel. Les jeunes gens devaient, tels des acrobates, sauter sur le dos d'un taureau pour faire preuve de leur adresse, de leur bravoure et de leur courage.

opulent, le palais de Phaestos, juché sur une acropole bien protégée, se trouve dans la partie méridionale de l'île. Les découvertes provenant de ces deux sites et des autres lieux historiques de la Crète (Gortyne, Mália, Tílissos, Líssos) se trouvent au musée d'Héraklion, le plus riche du monde pour l'époque minoenne.

La côte méridionale de l'île est celle qui réserve sans doute le plus de surprises, et pas seulement pour la beauté somptueuse de la mer. Mátala, au centre, est un bourg de pêcheur typique, avec ses petites maisons blanches qui descendent jusqu'à la plage. Vers l'ouest, la route passe entre les montagnes arides et abandonne la côte, dans sa partie marécageuse, pour descendre ensuite doucement vers Seliá.

Une trentaine de kilomètres plus loin, c'est Frangokástelo, belle forteresse médiévale érigée au beau milieu d'une plaine.

112 EN HAUT
Sur une grande colline qui domine la plaine de Messará, les ruines du palais royal de Phaestos, fouillées par les archéologues de l'École italienne d'Athènes, sont particulièrement grandioses. À la différence de Knossós, rien n'a été reconstruit.

112 AU CENTRE
En Crète, depuis des siècles, les Vénitiens et les Turcs se sont combattus, dans des forteresses comme celle-ci, à Spinalónga.

112 EN BAS
Sur la forteresse d'Héraklion, le lion de Saint-Marc veille encore. La République vénitienne a dominé l'île pendant 450 ans.

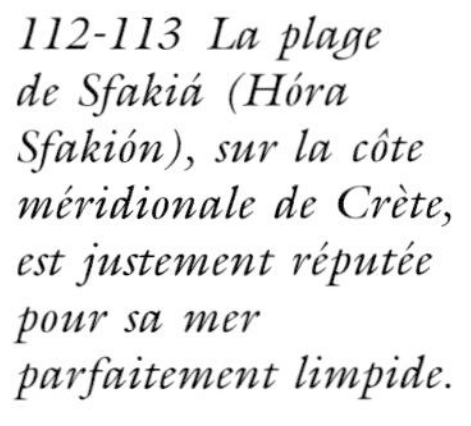

112-113 La plage de Sfakiá (Hóra Sfakión), sur la côte méridionale de Crète, est justement réputée pour sa mer parfaitement limpide.

113 EN HAUT *La mosquée des Janissaires, se dresse au milieu du port de Khaniá (La Canée), deuxième ville de Crète.*

113 AU CENTRE *La forteresse vénitienne domine l'entrée du port d'Hérakion (Iráklio), l'antique Candie qui fut assiégée 21 ans par les Ottomans.*

113 EN BAS *Dans le port de Réthymnon, au nord de la Crète, sont encore amarrés des caïques, bateaux traditionnels des pêcheurs grecs.*

Ensuite, à dix kilomètres vers l'ouest, la route arrive à Sfakiá, chef-lieu de la région, où l'on peut prendre un pittoresque caïque pour admirer une partie de la côte, autrement impossible à atteindre. De petits ferrys relient le port de Sfakiá à Agía Rouméli, au débouché des fameuses gorges de Samariá, grandioses par le travail de l'érosion, qui constituent un des sites naturels les plus visités de Grèce. En partant de l'intérieur, du petit village d'Omalós, sur le haut plateau, on peut parcourir toute la longueur des gorges en un jour de marche, en suivant les hautes parois qui fendent la roche calcaire, pour arriver jusqu'à la mer.

114 EN BAS
Le Lefká Óri, c'est-à-dire la montagne Blanche, est l'épine dorsale de l'île. Peu connu et peu fréquenté, ce sommet imposant culmine à 2 452 m d'altitude. Dans l'île, les fameuses gorges de Samariá sont le seul site vraiment visité par les touristes.

114 EN HAUT
À l'intérieur de la plus grande île de Grèce, la nature reprend vite le dessus sur les constructions humaines. En partant de la baie de Stomío, sur la côte occidentale de l'île, puis en passant sur les contreforts du Lefká Óri, le regard parvient, au-delà d'un ensemble d'édifices religieux, jusqu'à la mer.

115-118 Îlots, lagunes, sable blanc, le tout dans un paysage désertique qui évoque un peu la Palestine... les plages de Crète, surtout les moins connues, réservent de belles surprises aux visiteurs les plus exigeants, telle la splendide baie de Bálos, à Gramvoússa.

119 Les plages du sud de la Crète, sur la côte de la mer de Libye, sont les plus fascinantes de l'île. L'équipement touristique y est relativement récent. Il y a seulement une vingtaine d'années, les liaisons étaient rares et sommaires. Nous voyons ici le littoral près de Loutró.

120 EN HAUT
Vue du golfe de Vagonía, dans l'île de Póros. Celle-ci est toute proche de la côte du Péloponnèse, et les paysages ne paraissent guère insulaires, tout comme les habitants.

120-121 Brûlée par le soleil, Hydra se dispute, avec les autres îles du golfe Saronique, la faveur des Athéniens. Le paysage y est dépouillé et sauvage, comme dans les Cyclades toutes proches.

En longeant la côte du Péloponnèse et en remontant vers le nord, on entre dans le golfe Saronique, en face d'Athènes. Les îles qui émergent, dans ces eaux calmes, sont les plus proches de la capitale et, par voie de conséquence, les plus fréquentées des touristes pressés.
L'île d'Égine comprend l'un des édifices les plus intéressants de l'époque classique, le temple d'Aphaia, érigé entre les VIe et Ve siècles av. J.-C. et considéré comme le plus bel exemple des temples archaïques tardifs de toute l'Hellade. En hiver, l'île est merveilleuse et mérite une visite au moment des fêtes de Noël, alors que les caïques, les embarcations traditionnelles toujours utilisées pour la pêche, sont décorés d'oranges et de jasmins. Les îles rocheuses de Póros, Hydra et Spétses, antiques refuges chrétiens de l'époque ottomane, sont très peuplées durant la saison touristique, mais sont beaucoup trop arides pour accueillir une population sédentaire le reste de l'année.

121 EN HAUT
Le bras de mer qui sépare l'île de Póros du Péloponnèse est particulièrement étroit: l'Argolide est tout à fait à la portée d'un bon nageur.

121 AU CENTRE
Le temple d'Aphaia, à Égine, est sans doute l'un des plus beaux exemples de l'art dorique. La divinité locale à laquelle il est consacré, Aphaia, a une origine plus ancienne que les dieux de la Grèce classique.

121 EN BAS
Le bourg d'Hydra est un port fréquenté par les touristes et c'est une escale obligée pour ceux qui suivent la côte en bateau, «cabotant» de port en port.

122 EN HAUT
La cascade de petites maisons blanches du bourg de Skíros dégringole de ce grand éperon rocheux qui jouxte la mer. L'île, où l'artisanat reste encore florissant, offre au visiteur des bois sculptés et des tissus faits à la main et brodés.

122-123 À Skíros, la plus verte des Sporades, la fraîcheur des zones boisées contraste avec les îles plus méridionales. La légende veut que ce soit sur cette terre qu'ait été assassiné Thésée, dont les restes auraient ensuite été disputés entre les habitants et les compagnons du héros.

123 EN HAUT
Skíathos, dans les Sporades du Nord, est célèbre pour ses plages splendides. Il s'agit ici de la plage de Lalária.

123 AU CENTRE
Après la Crète, Eubée est la plus grande des îles grecques. Elle est si proche du continent qu'elle est un peu comme un morceau de l'Attique échappé dans la mer.

123 EN BAS
Skíros est une île montagneuse et sauvage, moins visitée des touristes que les autres Sporades. Elle se partage entre des zones arides, où le chêne vert domine, et une grande partie, plus verdoyante.

EUBÉE, LES SPORADES ET LES ÎLES ASIATIQUES

Eubée s'étend au nord-est du golfe Saronique. Ce n'est plus une île au sens strict du terme puisqu'un pont, long de moins de quarante mètres, la relie à la terre. De plus, elle a un visage nettement continental avec ses paysages peu insulaires et la présence d'une petite industrie qu'on ne trouve pas sur les autres îles. Le voyageur amateur de véritables petits paradis entourés d'eau pourra donc aller nettement plus au nord, en face du massif du Pélion.
Skíros, la plus importante des Sporades, est largement boisée. Sur le vert foncé de la végétation se détache la hauteur escarpée où s'accroche la petite ville qui, jusqu'à une époque récente, était un centre important d'artisanat, surtout dans le domaine de la sculpture sur bois et de la broderie. Elle produit les *zevriedes skirioti*, c'est-à-dire des bandes de tissu que l'on serrait à la taille, sur le costume traditionnel. Aujourd'hui, Skíros est devenue un grand bazar, mais l'île demeure l'une des plus agréables de Grèce.
Skíathos et Skópelos, toutes proches, ne comptent pas parmi les nombreuses îles méditerranéennes brûlées par le soleil, mais comprennent cependant quelques zones de maquis.

En revanche, les arbres sont omniprésents dans les îles, plus septentrionales, de Thássos et de Samothrace. La première est riche et a été, par le passé, une étape importante sur la route des mines d'or de Thrace, comme en témoigne le port antique, un des rares de l'époque classique à être encore en bon état. Samothrace, lieu de la victoire mémorable, célébrée par la fameuse statue qui se trouve au musée du Louvre, a été en revanche le théâtre de cultes mystérieux dont les ruines des temples sont encore visibles. Du haut du mont Fengári, à 1611 mètres d'altitude audessus de la mer Égée, on découvre une vue superbe sur toute la côte septentrionale. Comme sur toutes les côtes et dans toutes les îles de la Méditerranée, Thássos et Samothrace, avec leur végétation généreuse, sont souvent éprouvées par les incendies de l'été. Encore plus à l'est, en face de la côte turque, Lesbos, ou Mytilène, est la première de la longue série des îles « asiatiques ». Successivement dominée par les Arabes, les Romains, les Génois, les Vénitiens et les Turcs, Mytilène, ville natale de Sappho et capitale de cette île célèbre entre toutes, héberge un port beaucoup trop grand pour les besoins actuels. Il était en revanche adapté au rôle que jouait la ville en tant que centre commercial des Grecs de la « diaspora » d'Asie mineure. Heureusement, Mytilène a conservé son charme oriental d'antan avec les jolies maisons néoclassiques des marchands. Au nord de l'île, il faut découvrir un des bourgs médiévaux les mieux conservés, Móli-

124 EN HAUT À GAUCHE
Mólivos est le bourg le plus typique de Mytilène, l'antique Lesbos, patrie de la poétesse Sappho. C'est un joli port de pêche, dominé par une citadelle byzantino-génoise. On y respire une atmosphère orientale, puisque l'île est à deux pas de la côte asiatique.

124 EN HAUT À DROITE
Sámos n'est guère qu'à un peu plus de deux kilomètres de la côte turque. Verdoyante et agréable par son climat, elle renferme de nombreux sites archéologiques intéressants, et c'est aussi, depuis les temps anciens, un des grands centres viticoles grecs.

124-125 Le monastère fortifié de Saint-Jean est le plus beau monument de l'île de Pátmos. Dans une des grottes de l'île, l'Évangéliste eut une vision qui le conduisit à écrire l'Apocalypse. Le paysage sauvage et les contrastes de l'île sont bien dans le ton de cette œuvre étrange et inspirée.

125 EN HAUT
À Thássos, une nature véritablement généreuse accueille le visiteur qui débarque de la côte de Thrace. L'île ne manque pas de charme ni d'atouts avec ses beaux paysages, son climat enchanteur et les ruines, belles et passionnantes, de la cité antique.

125 EN BAS
Le grand temple d'Héra se dresse non loin de la mer. Depuis les temps antiques jusqu'à l'interdiction des rites païens par l'empereur Théodose, les marins et les marchands, en passant dans l'île de Sámos, déposaient des offrandes en l'honneur de la grande déesse.

vos, alors qu'à Sígri, à la pointe occidentale, le voyageur est tout étonné de rencontrer une curiosité géologique, une forêt d'arbres pétrifiés à la suite d'une éruption.

Située un peu plus au sud, Chios est la capitale du « mastic », résine aromatique tirée des térébinthes et des lentisques et utilisée par les confiseurs et les liquoristes. Elle présente un caractère nettement médiéval et byzantin, qui s'est conservé en dépit de l'abandon de l'île par ses habitants durant toute la guerre d'indépendance, étant donné la dure répression menée ici par les Turcs. La seule exception a été le monastère de Néa Moni, un des plus importants édifices byzantins de la Grèce insulaire, que les moines ont occupé sans interruption, défiant avec obstination le courroux de l'Empire ottoman.

L'île de Sámos est célèbre pour ses vases, à tel point que l'adage « porter des vases à Sámos » a le même sens que « porter de l'eau à la rivière ». Toutefois, pour les Turcs, le nom de cette île est synonyme de déroute, étant donné le violent soulèvement populaire qui a permis à Sámos d'avoir un gouvernement chrétien malgré la domination de la Sublime Porte – ce qui est un cas unique parmi les îles grecques –. On y trouve de nombreux témoignages d'une histoire très riche, en particulier le temple d'Héra, les restes de la ville ancienne, l'antique Sámos, non loin de l'actuelle Pithagório et le célèbre aqueduc, appelé « Tunnel d'Eupalinos », à l'intérieur duquel se trouve une chapelle byzantine.

Le visiteur n'aborde pas à Pátmos, l'île de l'Apocalypse, distante d'une centaine de kilomètres, sans une véritable émotion. Avec ses paysages rouge et jaune, elle est dominée par le monastère de Saint-Jean, Ágios Ioánis Theólogos, dédié à l'Évangéliste qui, en exil sur cette île et devant les plus grandioses paysages de la mer Égée, a décrit sa vision de la fin du monde.

126 EN HAUT *L'étonnant port de Rhodes est dominé, du côté de la mer, par la tour Saint-Nicolas. Quelque part sous les eaux, depuis des siècles, se trouvent les restes d'une des Sept Merveilles du monde antique, le formidable colosse qui jouait le rôle de phare pour les navigateurs.*

126-127 Au-dessus du port de Mandráki se dresse l'imposant palais des Grands Maîtres des chevaliers de Rhodes. Les fortifications de ce joyau de l'art des croisés sont toujours intactes. Cette puissante citadelle était une étape de la route vers les Lieux saints.

127 EN HAUT
Le palais des Grands Maîtres de l'ordre des chevaliers de Saint-Jean a été en partie détruit, en 1856, par l'explosion d'une poudrière. Il a été reconstruit, au temps du fascisme, par les Italiens et aurait dû servir de résidence à Benito Mussolini.

127 AU CENTRE
Malgré l'importance des travaux effectués à l'occasion de sa reconstruction, le palais des Grands Maîtres n'est pas défiguré. Il ressemble aujourd'hui à ce qu'il était au XIVe *siècle, avec ses donjons, ses tours, ses créneaux et ses étages de magasins souterrains.*

LE DODÉCANÈSE

À partir de là commence le Dodécanèse dont l'histoire est bien spécifique, non seulement à cause de l'influence directe de l'ordre monastique hospitalier de Saint-Jean-de-Jérusalem, constitué des Chevaliers de Rhodes qui ont recueilli une partie de l'héritage des Templiers, mais aussi parce qu'un gouverneur italien a résidé dans les palais des Chevaliers entre 1912 et 1948. Rhodes, île principale du Dodécanèse, est aussi, sous de nombreux aspects, la moins grecque des îles de la mer Égée. Les moines soldats italiens et français y ont construit une citadelle fortifiée qui ressemble beaucoup à celles d'Europe occidentale. En outre, s'il n'y avait les bougainvillées et les jasmins, la ville nouvelle pourrait ressembler à un quartier de Stockholm étant donné le nombre d'enseignes en langue scandinave qui proposent des spécialités suédoises. Au contraire, la citadelle du XVe siècle, à l'abri de ses hauts murs, est un lieu pittoresque et original où se côtoient les éléments orientaux et de l'époque des croisés. Le long des rues Socrate et des Chevaliers, se succèdent les créneaux et les mosquées, les boutiques d'antiquité et les églises byzantines.

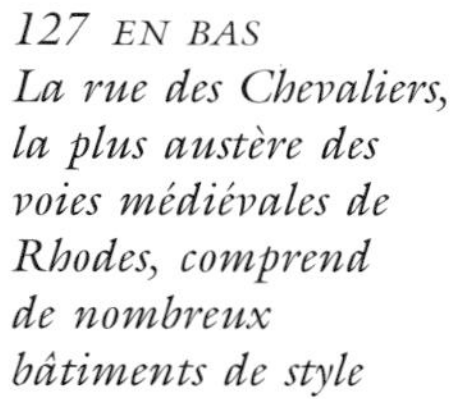

127 EN BAS
La rue des Chevaliers, la plus austère des voies médiévales de Rhodes, comprend de nombreux bâtiments de style gothique. On y voit des auberges qui accueillaient les chevaliers selon leur nationalité. La plus belle est l'auberge de France.

128 EN HAUT
À GAUCHE
Les pêcheurs, comme celui-ci à Sámos, sont encore très actifs dans toutes les îles grecques, grandes ou petites. Ce sont en général de petits artisans qui travaillent avec leur propre bateau de manière indépendante.

128 EN HAUT À DROITE
La pêche à l'espadon est encore pratiquée, surtout dans le sud de la mer Égée. Les pêcheurs procèdent par des « battues », qui peuvent durer longtemps, en se postant au large, sur les routes maritimes que ces grands animaux suivent depuis toujours.

128-129 *Le port de Kastelórizo, l'île la plus méridionale du Dodécanèse, a connu le marasme, après un certain boom économique au début du XXe siècle. Le tourisme l'a redécouverte, grâce au film* Méditerranée, *qui y a été tourné.*

129 EN HAUT
Petite île du Dodécanèse, Chalkí est très proche de la côte occidentale de Rhodes. C'est un endroit charmant, où l'on trouve calme et repos après l'agitation de la « capitale » de l'archipel, envahie par des flots de touristes.

129 AU CENTRE
Abritant les ruines du sanctuaire d'Athéna Lindia, le bourg de Líndos compte parmi les splendeurs de Rhodes. Il est dominé par une puissante citadelle médiévale à laquelle on accède par un escalier interminable.

129 EN BAS
Kámiros, sur la côte nord-ouest de l'île de Rhodes, appelée aussi la « Pompéi grecque », était une cité hellénistique. Les ruines comprennent des temples, des théâtres et surtout des habitations privées dont quelques-unes à péristyle.

Líndos, sur la côte orientale de Rhodes, est en revanche une bourgade grecque typique qui s'est développée sous l'acropole du Ve siècle av. J.-C. Les ruines de Kámiros, la « Pompéi grecque », qui doit ce surnom à sa bonne conservation, et celles d'Ialissós complètent le patrimoine historique de l'île tandis que la vallée de Petaloúdes, la « Vallée des Papillons », est une oasis de fraîcheur où s'ébatent, au printemps, des myriades de papillons multicolores. Les autres îles du Dodécanèse sont bien différentes de l'agricole Rhodes : Sími, toute proche de l'île des Chevaliers, est une bande de terre aride sur laquelle a été bâti, à l'époque de la splendeur commerciale, à la fin du XIXe siècle, un port entouré de maisons néoclassiques de toutes les couleurs ; la volcanique Níssiros, un peu plus au nord, est célèbre pour l'extraction du soufre et Kálimnos est le principal port de pêche à l'éponge du pays ; enfin la plus orientale des îles grecques, la microscopique Kastelórizo, est devenue célèbre après que l'on y ait tourné les scènes du film *Méditerranée*.

130 EN HAUT
Le puissant château byzantin, restauré par les chevaliers de Saint-Jean, accroché sur la colline, domine l'île de Léros. La ville moderne ne s'est heureusement pas développée sur les pentes, et la citadelle conserve toute sa majesté.

130 AU CENTRE
Une petite jetée en dur relie à la terre ferme l'église Saint-Isidore, à Léros. Dans la baie de l'île, la mer – très poissonneuse – a le calme d'une lagune.

130 EN BAS
Ce bras de mer à Vathís, dans l'île de Kálimnos, évoque un fjord de Scandinavie. Autrefois, c'était un refuge apprécié des navigateurs. Derrière, se trouve une oasis de verdure, avec des cultures d'orangers et des vignes.

130-131 Petite mais très animée, l'île de Léros, dans le Dodécanèse, a pour principaux atouts ses belles plages et une mer d'une rare limpidité. On y trouve encore des pêcheurs qui vivent essentiellement de la récolte des éponges.

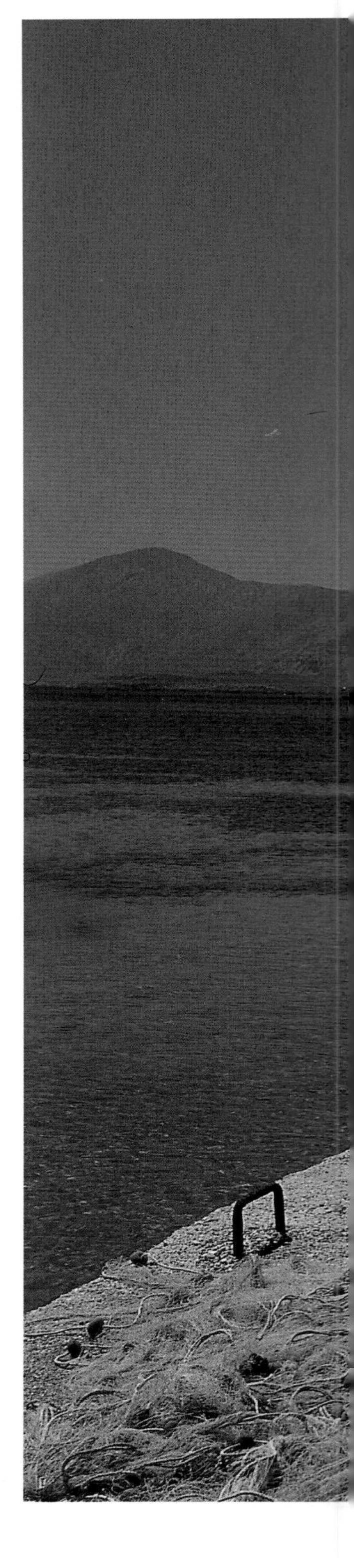

131 EN HAUT
L'arrondi du mur, au premier plan, de cette séduisante petite maison de Léros, est un élément de l'architecture bioclimatique, traditionnelle dans l'île. La petite tour sert à rafraîchir l'air et les ouvertures sont disposées pour créer une véritable climatisation naturelle.

INDEX

Les folios en *italique* renvoient aux légendes des illustrations.

E

F

G

H

I

J

K

L

M

N

O

P

CRÉDITS PHOTOGRAPHIQUES

Antonio Attini/Archives White Star: pp. 8, 9 en haut, 17 en haut, 72 en haut à gauche, 84 en haut à droite, 96 en haut à gauche, 104, 105, 110, 111 à gauche, 112 en haut, 121 au centre, 125 en bas, 129 au centre et en bas.
Marcello Bertinetti/Archives White Star: pp. 14, 58 en bas, 60 en bas, 60-61, 80, 81 en haut, 120-121, 121 en bas, 128 en haut, 129 en haut, 136.
Giulo Veggi/Archives White Star: pp. 61 en haut, 62 en haut, 63, au Velissarios Voutsas/On location: pp. 13 en haut, 76, 78-79, 80-81, 83 en haut, 122 en haut, 126-127 centre et en bas, 70, 70-71, 86, 87, 91, 97 au centre et en bas.
Agence Double's: pp. 24 à droite, 25 à droite, 27 à droite en haut, 35 en haut, 38 à gauche en bas, 40, 41 en bas, 42, 42-43, 60 en haut, 64 à droite, 65, 66.
Agence Luisa Ricciarini: pp. 25 à gauche, 31 à gauche en bas, 36, 38 à droite en haut, 64 à gauche. *Upi-Corbis:* p. 48 en haut.
Archives Scala: pp. 29 en bas, 30 à gauche en haut, 30-31, 31 à droite en bas, 69 en haut.
AKG Photo: pp. 24 à gauche, 26 en bas, 40-41, 43, 47 en haut, 49 en bas, 50, 50-51, 51 en haut, 52, 53 en haut, 55 en haut et au centre.
Stefano Amantini/Atlantide: pp. 92-93, 94-95.
Giulio Andreini: pp. 74 en haut, 79 en haut, 112 au centre, 123 au centre, 125 en haut.
Stefano Ardito: p. 77.
Alberto Biscaro/SIE: p. 106 en bas.
Massimo Borchi/Atlantide: pp. 11 en haut, 102 en haut.
Hervé Champollion/Agence Top: pp. 74-75.
V. Constantineas/On Location: pp. 58 au centre, 90 en haut à droite.
Anne Conway: pp. 10-11, 78 en haut, 83 en bas.
Guido Cozzi/Atlantide: p. 112 en bas.
Giovanni Dagli Orti: pp. 66-67, 68, 111 à droite en bas.
George Diamantopoulos: p. 12 en haut.
Joël Ducange/Agence Top: pp. 58-59, 59 à gauche en haut.
Nevio Doz/Agence Marka: p. 123 en haut.
E.T. Archives: pp. 28 en bas, 29 en haut, 34 en bas.
Farabolafoto: pp. 47 en bas, 53 en bas, 54-55.
Gigliola Foschi/Focus Team: pp. 72-73.
Fototeca Storica Nazionale: pp. 46 en bas, 47 au centre, 49 en haut, 51 en bas.
Gräfenhaim/Bildagentur Huber/Sime: pp. 82 en haut, 82-83.
Loukas Hapsis/On Location: pp. 10 en bas, 12-13, 85, 99 à gauche en haut, 102 en haut, 103, 121 en haut, 124 en haut.
Peter Hollenbach/Das Photoarchiv: p. 97 en haut.
Index, Firenze: pp. 32 à gauche, 44 en haut, 45 à droite, 46-47, 48-49.
Johanna Huber/SIME: pp. 8-9, 16-17, 62-63, 106-107, 107 en haut, 108-109, 111 à droite en haut et au centre, 112-113, 113 au centre, 114 en bas, 115/118, 119, 124-125, 130, 130-131, 131.
Vassilis Kostakos: p. 94 en haut.
Marco Leopardi/SIE: p. 17 en bas.
W. Louvet/Agence Visa: pp. 90 à gauche en haut, 94 au centre.
Mary Evans Picture Library: pp. 2/7, 32-33, 33 en bas, 34-35, 39.
Marco Melodia/Realy Easy Star: pp. 122-123.
M. Mastrolillo/SIE: pp. 58 en haut, 79 en bas, 84 en haut à gauche.
Clairy Mostafellou/On Location: p. 72 à droite en haut.
Photobank: pp. 3-6, 15.
Photo Nimatallah/Agence Luisa Ricciarini: pp. 26 en haut, 69 en bas.
Andrea Pistolesi: pp. 1, 10 en haut, 20-21, 106 en haut, 107 en haut, 113 en haut et en bas, 114 en haut, 120 en haut.
Massimo Pizzocaro/On Location: pp. 63 en haut, 102 en bas.
Marco Polo – F. Bouillot: p. 94 en bas.
Ripani/SIME: pp. 99 à droite en haut, 102-103.
Giovanni Simeone/SIME: pp. 13 en bas, 17 au centre, 22-23, 84-85, 86-87, 88, 88-89, 90-91, 96 à droite en haut, 96-97, 98, 98-99, 102-103, 103 en haut.
The Ancient Art Architecture Collection: p. 27 en bas.
The British Museum: pp. 28 en haut, 30 en bas, 35 en bas.
Sandro Vannini/Agence Franca Speranza: pp. 59 à droite en haut, 75.
Werner Forma Archives/Index, Firenze: p. 41 en haut.

136 Le drapeau grec flotte sur tous les monuments et bâtiments publics. Quelle que soit leur appartenance politique, les Grecs ont un fort sentiment national et sont très attachés à ce symbole.

Carte réalisée par Betty Vandone